铁血太平洋

THE BLOOD AND IRON
OF THE PACIFIC BATTLES

徐 焰★著

辽宁人民出版社

图书在版编目（CIP）数据

铁血太平洋 / 徐焰著. — 沈阳：辽宁人民出版社，
2021.2
　　ISBN 978-7-205-10037-7

　　Ⅰ.①铁… Ⅱ.①徐… Ⅲ.①太平洋战争—史料
Ⅳ.①E195.2

中国版本图书馆 CIP 数据核字（2020）第 243331 号

出版发行：辽宁人民出版社
　　　　　地址：沈阳市和平区十一纬路 25 号　邮编：110003
　　　　　http://www.lnpph.com.cn
印　　刷：北京长宁印刷有限公司天津分公司
幅面尺寸：168mm×235mm
印　　张：15.25
字　　数：190 千字
出版时间：2021 年 2 月第 1 版
印刷时间：2021 年 2 月第 1 次印刷
责任编辑：王　增
封面设计：末末美书
版式设计：留白文化
责任校对：吴艳杰
书　　号：ISBN 978-7-205-10037-7
定　　价：68.00 元

目录
Contents

目录
Contents

序幕

"香蕉帝国主义"对决"金元帝国主义"

第二次世界大战前的中国人曾分别称美国、日本为"香蕉帝国主义"、"金元帝国主义"。前者在世界上财大气粗主要靠控制国际经贸赚钱，后者崛起不久主要靠武力掠夺。新兴的日本强盗入侵劫掠了周边的朝鲜、中国，又要夺取美国、英国控制的南洋，这就不可避免地引发了以美、日为主角的太平洋战争。由于第二次世界大战期间的美国站在反法西斯阵营之中，因而它进行的对日作战还是有良知的人们始终应该肯定的正义战争。

中国人称日本为"香蕉帝国主义"，不仅是痛恨它欺中国和亚洲其他各国太甚，又在于它口喊"同文同种"、"大东亚共存共荣"，心里

太平洋战争末期的一个典型画面——机身上绘着讽刺日本人挨炸弹的美军轰炸机向东洋列岛上投弹。

却以高于亚洲人之上的西方白种人自居，只是那张黄皮肤无法改变，如同黄皮白心的"香蕉"。不过，日本的侵略扩张方向不仅指向中国，也指向西太平洋，这也决定了日美矛盾无法调和，最后要在太平洋战争中一决雌雄。

美国刺激并帮助日本崛起，却养虎遗患

日本走向近代化的师傅，追溯起来还是美国。1853 年 7 月，刚刚跻身强国之列的美国派出东印度舰队司令佩里率领四艘全副武装的黑色军舰闯入了日本浦贺港，这就是日人史书上所说的"黑船事件"。此时日本是一个落后的农业国，看到抵抗必败，便于 1854 年同美国签订了《神奈川条约》。接着，俄国、英国也接踵而来，日本又相继签订了不平等条约，丧失了关税自主权，在横滨等港口让西方开租界（"居留地"），并给予领事裁判权。直至日本进行甲午战争及随后打赢日俄战争后，才以国威军威为后盾废除或修改了不平等条约。

面对西方入侵，日本采取了与中国完全不同的办法，那便是挤进西方的行列，1868 年开始的明治维新所走的正是这样一条道路。如今还印在 1 万日元钞票上的人头像，便是被称为"近代东洋启蒙之父"的福泽谕吉。明治维新之前此人便访问了美国，回国后大力宣传"脱亚入欧"，主张吸收西洋文明优胜劣汰的思想，加入西方行列而与东亚邻国绝交。这位日本近代思想的引领者，从西方并未学到人道主义等文明成果，引

进的是弱肉强食的殖民观念。这种舶来品再同传统的野蛮武士道精神结合，又被改造成为一种狂热邪教式的侵略观念，而且福泽谕吉的理念从明治时代一直影响到今天。

引领明治维新并组织侵华、对俄战争的日本首相伊藤博文，也是由"尊王"排外变为崇西欺东的典型。1863年他偷渡英国去留学前，曾参加火烧驻日英使馆，出国后很快转变了观念，认定要学习西方并加入其中，同时又要征服东邻。

明治维新后的日本同近代中国有着不同命运，除了领导者观念有重大差异，还在于英美实行"扶日压华"。中国洋务运动受到西方挤压，日本的维新变法却受到美国、英国以及德国的支持，有着国际战略格局上的重要原因：一是当年西方列强盯住中国土地广阔资源丰富想大力掠夺，而认为日本地少民刁没多少油水；二是英国、美国看到日本兴起能抗衡俄国，多年间采取扶植政策。德国为了将俄国的力量牵制到东方，也积极帮助日本建立新式陆军。

1874年日本首次对海外用兵入侵台湾时，美国就提供了轮船。1894年甲午战争开始前夕，英国废除对日不平等条约，战时又一再袒护日本。1902年，英国又同日本缔结了旨在对抗俄国的同盟条约，两年后日本发动对俄战争一半的战费又由英美以借款方式提供。

日本从其地理位置出发，对外扩张是以所谓"大陆政策"和"南进"并重。根据福泽谕吉"脱亚入欧"的理念，日本维新变法后便提出以"征

1853年美国佩里准将率舰队到达日本，以武力威胁打开日本的国门。

韩"、"征清"，同时明治天皇的诏书又提出"开拓万里波涛"，"南下"政策的首要目标又是夺取中国的台湾作为跳板。1895年日本在《马关条约》签订后以半年的激战侵占了台湾，眼睛又盯上南面。1898年美国发动对西班牙的战争夺取了菲律宾时，日本也派军舰到达那里，只是因羽翼未丰未敢采取行动。

日本准备对俄国作战时，还利用美俄矛盾争取到美国援助，不过胃口深感饥饿的新强盗遇到一个大腹便便的老富翁又会眼红，如果条件具备就必然会拔刀相向展开一场恶斗。

姑息抑制不了扩张野心，绥靖政策自食恶果

1905年日俄战争结束，依靠美国财政支持打赢战争的日本却没有对美开放它刚控制的朝鲜和满洲市场，两年后即1907年又把美国舰队确

定为主要假设敌。不过白宫的几届主人都不大相信资源贫乏的东洋三岛敢向自己挑战，认为完全可以用经济手段驾驭日本这条恶狼，甚至可以让它为我所用，没想到最后竟咬了自己的手。

日本国土的面积只及美国的二十几分之一，缺乏各种战略资源，工业化起步又要晚得多，20世纪20年代初美国工业产值超过日本20倍以上。在华尔街巨头们看来，他们能够控制住日本的三个命门——工业机械、机动车、石油。对日本的军事力量，一向相信武器至上的美国军界长期不大看得起。至于"武士道"的疯狂，美国人直至太平洋战争爆发后才领教到。

日俄战争时的俄国漫画，便描绘了日本瞄准了美国的钱袋，也预示着随后也会以武力来抢夺。

20世纪20年代初，世界先进国家的军队进入了机械化战争阶段，日本却还没有建立本国的汽车工业，汽车主要从美国进口。日本又几乎没有石油资源，长期向美国购买油料。30年代前期日本才基本建成了重工业系统，工作母机还要从美国进口。

1921年末至1922年初，美国在华盛顿会议上便倚仗绝对优势的经济实力，迫使日本吐出了1914年占领的青岛和胶济铁路，并且承认各国在华"利益均沾"而不能单独占领一片领土。1931年日本冲破"华盛顿体制"的限制发动九一八事变占领中国东北，美国却没有对日本采取任何经济制裁，英国和其他列强也同样如此。其主要原因是前两年美国和西欧都出现了空前严重的经济危机，各国感到自顾不暇。另外日本打出了"反苏反共"的旗号，标榜占领满洲是为了对付美国视为头号意识形态敌人的苏联，在政治理念上也得到容忍。

1937年日本发动全面侵华战争，表明它的主要战略目标不是北上攻苏而是"南下"，这明显引起美英的不满。此时美国在国际关系上"重欧轻亚"，重点防范纳粹德国，为此想稳住日本。在1941年以前，美国还对日本提供了炼钢需要的废钢铁和所需四分之三的石油，结果这个狡猾的东洋对手以"多买少用"方式积存起发动太平洋战争初期所用的燃料油。

美国号称"金元帝国主义"，往往用商业利益眼光看待国际矛盾，注重眼前之利而忽视长远危机。日本作为一个后起的经济实力弱的"领土扩张型"帝国主义，处理国际主义的思路抓住机会就抢夺，且带有赌徒风格。对待这样一个带有极大冒险性并在日俄战争中有过"赌国运"成功国家，美国一厢情愿地采取安抚和绥靖姑息，只能助长其野心膨胀。

出于无法抑制的扩张欲，日本滋长起"不见棺材不落泪"的固执和疯狂，一旦在1941年8月遇到美国的石油禁运，马上便用武力猛扑过来。美国在珍珠港事件后半年间一败再败，原因正在于战前战略估计的严重差误，并由此导致战备非常不足。

军力要靠经济力支撑，穷兵黩武的日本最终必败

近现代战争虽然是军力的较量，更重要的还是经济力和科技水平的较量，这是历史验证的唯物主义基本原理。日本军国主义崛起自然也是以明治时代确定的"富国强兵"为基础，却经常遇到野心太大和经济实力不足的缺口，天皇制下的军阀们便想以"大和魂"来弥补，这恰恰是典型的唯心主义的唯意志论。

在战争史上，交战的军队从装备而论以劣胜优的例子并不少见，却多见于陆战。百年来的战史证明，技术上有先进和落后之差的陆军可以对等作战，有技术"代差"的舰艇、航空兵却难交锋。陆战中装备有技术差的军队尚可相搏，是因为弱势一方利用复杂地形地物可迟滞困扰对手，民众参战和支前也能发挥重大作用，步兵以顽强精神实施近战肉搏还能部分抵消技术优势。海战、空战中的技术差却对落后一方具有致命

🖊
在20世纪的美国，可口可乐已成为饮料文化的象征。在第二次世界大战时，美国兵走到哪里，可口可乐和口香糖也带到哪里，据统计出征海外的美国军人便消费了10亿瓶可乐。

🖊
太平洋战争爆发大半年后，即从1942年夏秋起，美国便依靠工业技术优势掌握了战场的空中优势。

性，因为一望无际的海面和天际没有铁丝网、堑壕和重峦叠嶂可阻碍敌人，海上和空中也几乎没有"群众"，技术落后一方很难以其他方式弥补不足。在现代海战中，居高临下的飞机对水面舰艇乃至潜艇具有绝对优势，制空权等于制海权，太平洋战争中日本多数战舰是被占绝对优势的美军航空兵所摧毁。

　　太平洋战争开始时，在野蛮的"武士道"训练中成长的日本军界头目和少壮军官看来，过惯了喝可口可乐、嚼口香糖的美国人不能打仗，只要以一个奇袭粉碎其舰队，就可迫使白宫妥协讲和。他们没有想到，受到不宣而战的偷袭而举国愤怒的美国人也能全民动员，这个擅长组织工业生产的国家又善于组织机械化战争。

　　日军在其自恃有精神优势的陆战中，同样也一再失败，全机械化后的美军最后压倒了多为骡马化和徒步的日本军人。近现代陆战中以劣胜优的事例，在太平洋战争中并没有出现，重要原因在于日军作为野蛮的侵略者被战区人民所痛恨。日本官兵在穷途末路之际，曾一再实施过自杀式的"万岁冲锋"，面对美军的弹雨只能像大刀割草一般被扫倒。太平洋战争末期的"神风"特攻机，虽然增加美国水兵的紧张感，实际上并没有取得太多战果。

太平洋战争证明，制空权即是制海权。美军在 1942 年秋季后能转入反攻，节节推进直捣日本本土，就是由于在飞机数量、质量和飞行员的技能方面都压倒了日军。

物质毕竟是第一性的，物质力量所决定的补给能力对海洋岛屿争夺战具有决定意义。美国在太平洋战争中生产了5600万吨轮船和1000多万吨军舰，日本却只生产了397万吨轮船和不足150万吨军舰，同时美军舰船还有性能优势。这样的力量对比在战场上立竿见影，那就是美国兵喝掉数以亿瓶计的可口可乐，吃着营养丰富的野战口粮，在射击时有着不受限制的弹药。相比之下，日军在多数岛屿交战中很快弹尽粮绝，部队内还出现了人吃人的现象。太平洋战场上美军共死亡12万人，澳大利亚军死亡1.5万人，日军死亡却高达123万人（这些不包括马来亚、缅甸战场的双方死亡数）。如分类计算，日军饿死、伤病死者远大于阵亡者，这恰恰说明其主要败于后勤，后勤失败最主要的原因又是日本国家经济力处于弱势并最终走向崩溃。

太平洋战争中美国属正义一方，对此应始终肯定

　　日本发动全面侵华战争又挑起了太平洋战争，最后其本土遭受到美国猛烈轰炸，包括受到人类仅有核攻击灾难。战后日本对战争性质发出了一些怪论，或认为自己与美国都是在争夺太平洋而彼此彼此，或说袭击珍珠港与轰炸广岛、长崎相互抵消，无所谓正义与非正义之分。美国为巩固美日军事同盟作为亚洲战略的基石，也不深入追究日本侵华和侵

to lift another mist from the mind of man

We Salute the
CHINESE REPUBLIC
On her Birthday OCTOBER 10TH

China - the First of our Allies to fight Japan,
China - in spite of war, struggling victoriously
toward Democracy as we did 150 years ago.

HELP HER TO FIGHT BRAVELY ON!

UNITED CHINA RELIEF
Member Agency of the National War Fund

略亚太其他国家的罪行。

对太平洋战争的性质采取是非不分、黑白不明的态度，自然鼓励了日本右翼在战后几十年间总是否认侵略罪行，他们只记住本国遭受轰炸的平民和死在他国的"出征军人"，结果以"受害者"形象掩盖了"加害者"的实质，并影响了日本中青年人的历史观。

作为日本对外侵略最大的受害者中国，一直强调正视历史就必须明辨是非善恶。日本侵华战争的罪恶，国人都世代铭记，日本一些有良知的上层人物如前首相村山富市、鸠山由纪夫也承认本国的侵略事实。对日美两国为主角的太平洋战争，有良知的人虽然承认此前美国有过扩张和争霸，遭遇日本偷袭后毕竟参加了国际反法西斯阵营。美军打击日军的作战，是世界人民同最邪恶、最野蛮、最黑暗的法西斯轴心作战的一部分，对此自然要肯定。

美国在太平洋战场上打击日本，对中国人民艰苦的抗日战争也是一个重要支援，中国的持久抗战同样也帮助了美军对日作战。值得提到的是，美国罗斯福总统从联合抗日力量共同作战的目的出发，始终反对蒋介石在抗战期间进行反共内战，这是他进步一面的体现。当年中国人同美国结成反法西斯联盟，这说明有良知的人类在反对最疯狂的侵略势力时也能达成共识，这一经验也值得今天争取世界多元化且争取合作共存的人们所借鉴。

物换星移几十年，太平洋战争的硝烟早已散去，如今的世界与那个列强争霸、殖民地和半殖民地国家受尽欺压的时代已完全不同，信息化社会出现的作战样式也成为人类军事斗争的新方式。不过，太平洋战争作为世界战争史上规模最大的海战、最大的航母交战和样式最多的登陆战，又值得一代代军人回顾和研究。虽然未来军事斗争会有全新的形式，借鉴以往的历史和战争经验，还能起到启迪思维、丰富智慧的作用。

第一章

日本扩张引发太平洋矛盾

日本自明治维新起，就按明治天皇诏旨立足于『开拓万里波涛』。这一『开拓』有陆、海两个方向——其『大陆政策』便是入侵朝鲜、中国并且要打败俄国；向海洋扩展便是控制西太平洋，这自然要冲击美英势力范围。

日本打败中、俄后对美矛盾激化

日本自明治维新起，就按明治天皇诏旨立足于"开拓万里波涛"。这一"开拓"有陆、海两个方向——其"大陆政策"便是入侵朝鲜、中国并且要打败俄国；向海洋扩展便是控制西太平洋，这自然要冲击美英势力范围。当日本利用美英同情和支持在甲午战争、日俄战争中取胜后，从 1907 年起便确立以美国为主要假设敌，这就种下了 34 年后袭击珍珠港并发动太平洋战争的种子。

明治天皇一家的画像。1868 年日本明治天皇从京都迁往江户（东京），下诏实行维新变法，同时也确定了"开拓万里波涛"的扩张政策。

皇室御尊影

利用英美惧俄心理，入侵中国捞到"第一桶金"

明治维新后的日本自感资源缺乏和市场狭小，首先将仅有一条海峡之隔的朝鲜、中国台湾当成扩张目标，这必然将中国当成主要敌人。1891 年俄国开始修建西伯利亚大铁路，日本朝野又叫嚷难免对俄一战，在海参崴主持铁路开工仪式的俄皇太子路过日本游玩时还被负责保卫的警察砍了一刀。接着，日本顶住俄方开战威胁，对凶犯不判死刑而只判无期徒刑。这些举动恰恰迎合了英国、美国遏制俄国东进的需要，由此得到或明或暗的鼓励。

从 19 世纪中叶起，英国和美国的重要战略目标是遏制俄国扩张。英法对俄的克里米亚战争在 1856 年以沙俄失败告终，俄国向土耳其方向南进受阻，便向远东扩张。此时英国、美国感到应该扶植一个力量加以抗衡，从地理位置考虑选择了日本。德国在 1871 年打败法国后，最担心俄国援法，希望日本能在远东牵制俄国。日本陆军就此得到德国教官训练，全面学习了德式战术和编制。

1894 年 7 月 16 日，即日本发起甲午战争前十几天，英国虽对中日剑拔弩张的状态表示愿意"中立调停"，却宣布废除同日本的不平等条约而订立平等新约，明显是偏袒日本。此时日本陆海军战术和装备已全面西化，将仍然保留着封建旧军制的清朝军队打得一败涂地。据日本靖国神社的灵牌统计，此战日本共有 13619 人死亡，不过按记载是 85% 系病死而非战亡。1895 年 4 月，清王朝完全接受了苛刻的勒索，签订了《马关条约》，日本的大陆政策就此实现了第一步。

甲午战争开始时，日本最大的弱项是经济实力不强，政府年财政收入不过 7000 多万日元（相当 5000 万两白银），还低于清王朝的年财政收入 8000 万两白银。日本通过动用财政积蓄、民间捐献和发公债筹到 2.3 亿日元，进行了八个月战争经济便感困窘。若中国利用国大、人多的优

日本浮世绘表现的威海北洋舰队于刘公岛投降。

势持久抗战还可能扭转形势，清王朝却害怕日军进攻北京，更不敢发动民众，面对讹诈只能彻底屈服。

日本打败清朝这个庞然大物，在世界上奠定了军事强国的地位，经济也获得了起飞的资金。《马关条约》规定，中国要赔偿日本军费2亿两白银，随后"还辽"又索要了3000万两赎金。不过日方在条约中规定拖延要付利息，此时清王朝财政入不敷出只好向英俄法德借款，三年后才交付完赔款，本利相加共支付2.6亿两。此外，日本在战时还缴获和掠走大批中国军械和民用物资，估算价值为6000万两，这样总计在甲午战争中从中国掠夺了3.2亿两白银。

日本政府宣布"日清战争"花费了2.3亿日元（折合白银1.5亿两），其实这包括发展军工产业的投入，作战费只是1.3亿日元（折合9000万两白银）。同掠夺和勒索的赔款相比，日本净赚了2.3亿两白银，相当于战前政府四年财政收入。战后首相伊藤博文便向明治天皇上奏："官民上下都感到无比的富裕。"

日本崛起的"第一桶金"，正是通过甲午战争掠夺而来。日本用这笔钱兴办教育发展产业，并从英国采购世界上吨位最大的铁甲舰"三笠"号（排水量1.5万吨）等新型舰只，用于下一次战争。日本通过《马关条约》割去台湾这个中国富饶的宝岛，还迫使清朝开放长江流域供其轻纺织业商品倾销，这又大大便利了发展经济。这次以小博大获胜，又滋长起日本冒险主义的军事理论，把战争掠夺当成扩展国家实力的主要选择，这

东京－横滨铁路于1872年通车的照片宣传画，日本首都通铁路比中国首都早25年，不过其市场狭小，朝野充满了扩张意识。

也决定了其随后袭击俄国、中国东北并走全面侵华战争，为夺取南洋资源还敢于偷袭珍珠港对美开战。

靠借贷打败沙俄，日本挤进世界列强行列

《马关条约》签订后，俄国不能容忍满洲被他人染指，便拉着德国、法国"干涉还辽"，这使日本人对"日清战争"的结局感到留下屈辱。"卧薪尝胆"一时成了东洋三岛上的口号，举国都在筹划下一场战争。

从社会规律看，一个新上道的强盗首次抢劫得手，肯定会刺激他

1905 年旅顺俄军投降后，双方将领在水师营会面并合影。日方对俄方军官显示宽厚，主要是投降时达成的条件是俄军交出武器弹药不得破坏，日方则保证俄国军官可带走全部私人财产，士兵却要作为俘虏受役使。另外此时日本因财力不济急于讲和，也故意想通过释放俄军将领以传达和解之意。

干更大一票，甲午战争获胜后的日本便是如此，下一个进攻目标指向了俄国。

日俄从相遇起便成世仇，其领土和势力范围争夺的矛盾持续了几代。俄国远征队自 17 世纪中期到达太平洋沿岸后，向黑龙江流域扩展被清军打退，进入 18 世纪后把扩展目标指向库页岛和千岛群岛。当时库页岛在法理上属中国领土，当地部落向清朝称臣纳贡，昏聩的清廷却未派遣驻军和官吏，结果俄、日两国分别占据了岛的南北两端，接着又在千岛群岛（包括日本所说的北方四岛）相互派人上岛，摩擦不断。此时双方给养都困难，上岛人员时进时撤，出现交替控制，结果日俄两国讲起

日俄战争时日本陆军的军装和武器配备。

这些岛屿的归属时都能举出自己曾占据过的史证，一直是公说公有理，婆说婆有理。

真正使日本感到恐惧的威胁，是 1891 年俄国开工修建西伯利亚大铁路。此前俄国在远东驻扎的几万哥萨克军队及随军居民，靠马车根本无法万里运粮，当地的屯垦因气候太冷收获不多，需要从中日两国进口粮食，这样俄军很难打大仗。如果西伯利亚铁路修通，马上便可保障几十万军队调动和供应。

1894 年中日开战后，曾在日本遇刺负伤的俄国皇太子刚好继位。这个头上留着刀疤的末代沙皇尼古拉二世想乘机打垮他时时咒骂的"野蛮的日本猕猴"，起初却坐山观虎斗。俄国的如意算盘是待中日两败俱伤，再以援华之名出兵，达到既控制满洲、朝鲜又消灭日本军事力量的"一箭双雕"目标。

出乎尼古拉二世预料的是，开战后清朝很快惨败，还签约割让辽东半岛。沙俄对此不能容忍，下令驻烟台、长崎的舰队揭下炮衣并升火，准备攻击日本舰队和港口，并拉上法国、德国要求日本向中国归还辽东。法、德正想趁火打劫从中国掠取利益，也参加联合干预。此时日军久战八个月军需品消耗大半，认为同俄国一国开战都不能胜，对三国联合干涉的要求只好让步。

日本吐出的旅顺、大连，沙俄在三年后却将其强行"租借"，作为在东方扩张的基地。英国为遏制俄国，于 1902 年同日本签订了同盟条约。当时日本还不能自产铁甲舰，主力舰只由英国提供贷款和中国支付的赔款采购。

进入 20 世纪时，日本国家财政收入只及俄国的七分之一，常备军数量只相当其十分之一，工业水平相差也很远。虽说远东是俄国用兵的一个瓶颈，日本向其挑战仍相当"以狼搏熊"的冒险，政客们也称这是"赌国运"。1904年2月，日本舰队在宣战前便袭击旅顺港，当时世界上多数国家都估计日本必败。如同法国的漫画上所描绘，日本向俄国挑战是巨人与矮子的"不平等竞赛"。

日本当局自知不能支持长久战争，立足于速战速决，各个击破，获胜后尽快媾和。日本海军首先突袭打败并围困俄国太平洋舰队，其陆军再攻克旅顺歼灭当地俄国陆海军，接着又在奉天（沈阳）会战中击败俄国援军。随后，日本海军又以以逸待劳的方式，在对马海峡消灭了万里来援的俄国波罗的海舰队。

日本对俄战争进行了一年半，已暴露出经济实力难以再支撑的弱点。战争期间日本动员了120万军人，死亡8.84万人，负伤15万人，患病归国超过10万人，虽然国力人力还充裕，财力却近乎枯竭。战前日本政府年财政收入不过2亿日元，加上国内发公债、募捐也只筹到8.8亿日元，对俄战争花费却达17亿日元，8亿日元的战费缺口都靠英美贷款。

看到俄国已败北，美国不愿让日本势力过于壮大，便以停止再借款达到调停日俄停战，此举又让日本朝野对自己的债主美国怀恨在心。俄国战争潜力虽远大于日本，国内却爆发了革命，急于停止对外战争。在美国总统调解下，日俄在1905年9月签订了《朴次茅斯和约》，两个强盗重新瓜分了从中国掠夺来的赃物，日本租借了旅顺并控制南满铁路，俄国退而控制北满铁路。

新兴的日本竟能打败号称世界第二号陆军强国、第四号海军强国俄

在1905年5月的对马海战中，俄国波罗的海舰队覆没，此役使俄国失去胜利希望而同意讲和。

国，一举挤进列强之一。战争获胜后，日本把下一个目标确定为控制南洋。于是，日俄战争刚结束，卸任首相又去担任朝鲜"总监"的伊藤博文便对新任首相桂太郎说："下一个敌人就是英美了。"

这真是个讽刺，美国喂养的狼一旦强壮起来，便想要反咬一口。

尚未实现工业化便穷兵黩武建成世界第三位海军

随着战争胜利而野心膨胀的日本，对俄战争结束后没有遵守向美国开放满洲和朝鲜市场的承诺。1906年，担心日本向太平洋再扩张的美国制定了限制日本移民的政策，日本在1907年则把美国定为头号假设敌，并制定了海军在小笠原群岛附近的对美决战计划。

看到自己扶植起一个新对手，美国决定以炫耀武力的方式来震慑，于1907年派出16艘万吨级战舰环球航行并路过日本。由于这些军舰出航前全部漆成白色，于是当时称其为"大白舰队"。

1907年12月16日，"大白舰队"起航，西奥多·罗斯福总统亲率政府要员送行。据报道，舰队抵达日本港口横滨时，在场的几乎所有的日本人都惊愕不已。据报道，美军官兵"不仅受到天皇和他的工作人员，而且受到整个国家最友好的欢迎"。日本政府谦卑地表示尊重美国的"门户开放"政策，西奥多·罗斯福就此得意地宣称：这次环球航行作为外交上的"大棒政策"，是他"对和平事业的重大贡献"。

1907年美国所谓"大白舰队"远航日本，有此称号是因军舰出航前全部漆成白色。

此时日本的产业以农业和轻纺业为主，工业产值与美国相差达30倍。1905年以后，英美德开始建造"无畏舰"即现代战列舰，1909年俄国海军也开建4艘"甘古特"级战列舰，还不能生产铁甲舰的日本马上又有落伍之虑。

1907年，日本海军曾制订了建造战列舰计划，却因本国缺乏建造大舰的能力而搁置。

1912 年，日方以帮助英国抗击德国在远东的力量为条件，再将《英日同盟条约》延长 10 年，同年便从英国购买一艘 2.6 万吨"狮"级战列巡洋舰，命名为"金刚"号。附带这艘战列舰，日本又引进制造技术和相关设备在本国造船厂再制造同级舰 3 艘。这 4 艘"金刚"级战列舰至 1915 年全部完工，除"金刚"号其他舰分别命名为"比叡"号、"榛名"号和"雾岛"号（30 年代改造后此级舰吨位增达 3.2 万吨）。

日本建造"四大金刚"的同时，1912 年又在本国造舰厂借鉴英国技术自建"扶桑"级战列舰，至 1917 年制成 2 艘，分别命名为"扶桑"号、"山城"号。

1914 年第一次世界大战爆发，日本站在英国一边，同年秋天动用一个师团攻下了德国在中国的殖民地青岛并据为己有，其海军也乘机占领了德国在太平洋上的殖民地密克罗尼西亚群岛。作为参战国，日本并没有打像样的仗，却收到大量军品民品订单，五年间工业产值增长了一倍，终于挤进世界工业国之列。

日本此时的野心与其实力仍极不相称，居然同美国展开了造舰竞赛。1915 年，日本开始建造"伊势级"战列舰，至 1919 年建造成 2 艘，分别命名为"伊势"号、"日向"号。1917 年开工建造的当时吨位最大、标准排水量达 3.9 万吨的"长门"级战列舰至 1920 年又建成，翌年又完工其姊妹舰"陆奥"号。

通过几年狂热的战列舰建造，1921 年日本拥有了 10 艘战列舰，此时美国也不过拥有 17 艘战列舰。第一次世界大战后的美国正值裁军时期，便要求日本和其他各国停止造大舰，并威胁说如不停止，"日本造一艘，美国便造四艘"。

这时美国年产钢达 4200 万吨，日本只产钢 81 万吨，进行建造钢铁大舰的竞赛日方自然无法承受。日本为维持已有的海军力量对比，在1922年结束的华盛顿会议上签订了限制吨位的条约，规定美、英、日三国海军的吨位和大舰比例为 5 : 5 : 3。与此同时，日本被迫同意放弃对华"二十一条"中的部分要求，从青岛和胶济线撤军，还从北满铁路和俄国远东撤军。

华盛顿条约签订后，各海上大国进入了长达 15 年的"海军造舰休

假期"，都不再增添战列舰。20 年代和 30 年代，美国、英国海军总吨位都保持在 170 万吨左右，日本保持在 100 万吨。维持这样一支海军，对财大气粗的美国是轻松之举，对财政收入只及其十几分之一的日本却是沉重负担。

第一次世界大战前后，飞机的应用和发展使战争由平面走向立体。1909 年意大利建立了第一个航空队，1911 年美国在改装巡洋舰上完成了飞机起降。日本不甘落后，于 1912 年成立了"海军航空技术研究委员会"，并购买法国、美国的飞机进行试验。却因本国工业落后迟迟不能仿造和生产，在此领域远远落后于在第一次世界大战中建立了强大空军的英美法等国。

1927 年，日本制订了飞机研发计划，开始请外国工程师帮助设计，

于 1928 年仿英国 Gloster 战斗机制成中岛"三式"舰上战斗机，成为第一种实用舰载战斗机。同年日本陆军又开始生产法国人罗宾设计的中岛"九一式"战斗机，成为陆航的最早定型的作战机种。这种奋力追赶，随后便形成了后来居上之势。

经过第一次世界大战，美国成为世界上最富有的国家，工业产值达到全球的 40%，生产了世界 70% 以上的汽车，一半以上的石油和半数的钢铁。美国民众和平主义思潮盛行，普遍追求享乐不愿当兵，这也制约了政府对外干涉的力度。

这一时代的日本，只能用穷兵黩武来形容，国家财力主要投入供养军队和发展与军工有关的产业，普通人民生活远不如西方。看过 80 年代日本拍摄的史诗式电视剧《阿信》的观众，可看到战前出身农村的女工阿信家平时要吃"萝卜饭"，吃纯白米饭就算改善生活，许多穷人还把女儿卖到妓院或做童工。直至 30 年代前期，日本普通工人月平均工资为 40 日元，按汇率折合 12 美元，这虽相当于上海工人工资的一倍，同美国工人 120 美元的月均工资相比却相差 10 倍。

现在许多人难以想象，抗战前不少日本贫民跑到中国讨生活变成"浪人"，还有妇女来华卖淫。日本当局利用向满洲"开拓"吸引日本的贫民，让他们抢夺中国人的土地，把国内矛盾转嫁到国外。日本侵华政策在国内还有相当大的民意基础，很大程度也是这种"肚子决定脑子"的规律所决定。

✎ 日本的"伊势"号战列舰于 1915 年开建，1917 年服役。

面对华盛顿条约限制，昭和军阀走向法西斯道路

1912 年大正天皇继位，此后十几年间西方议会政党政治在日本有所发展。从明治维新以来当政的标榜"脱亚入欧"的重臣元老派，此时主张对美英实行"协调主义"路线。他们在中国等亚洲同种人面前如虎如狼，却畏惧欧美，因而被新兴的法西斯主义者和少壮军人所怨恨。

1921 年皇太子裕仁访欧归来后，鉴于大正天皇患脑血栓担任了"摄政"，他马上网罗了一批少壮军官为党羽，其中包括冈村宁次、永田铁山、东条英机、梅津美治郎、板垣征四郎、土肥原贤二、山下奉文等。这批少佐、中佐级军官在 30 年代后期至 40 年代初几乎都升为大将，成为天皇信任的对外战争的主要指挥官。他们的理论是"大亚洲主义"，排除英美"领导亚洲"，这成为日后"共荣圈"口号的先声。

1922 年达成的华盛顿条约，是列强在远东重新规划秩序的产物，也是美国以超强经济实力对日本所做的一种限制。列强确定在中国"门户开放"、"利益均沾"，对拥有最强工商实力的美国最为有利。日本作为商品竞争能力较弱的国家，总想直接占领中国土地。1928 年 6 月，日本关东军秘密埋炸药暗杀了中国东北军阀头子张作霖，同时想出动部队一举占领满洲。不过因美国、英国表示反对并支持蒋介石统一中国，天皇裕仁才没有敢下发出动军队的"敕令"。

⊘ 1926 年裕仁继位为天皇，他重用的法西斯军人逐步掌握大权，使日本走向全面战争的道路。

⊘ 1921 年日本皇太子裕仁访问欧洲，受到英国盛情款待并参观飞机表演。此时日本的军事科技远落后于刚经过一次大战的西欧，表现出非凡的观摩热情。

1926 年裕仁继位为天皇，开始了日本历史上的昭和时代（直至1989 年他病故），宫廷党羽集团在荫庇下更为猖獗。1929 年世界性经济危机爆发，欧美陷入混乱，日本经济急剧下滑，少壮军人发出"夺取满蒙"的叫嚣得到宫廷和一些大财团的赏识。接着，昭和军阀集团便开始掌握高层权力，挥动军刀对内暗杀和对外侵略同时并举。

30 年代后的日本，简直成了一个"暗杀时代"，元老重臣们与少壮军人意见不合便往往引来杀身之祸，狂徒们流行的一个口号便是"下克上"。如 1930 年 11 月，滨口幸雄首相因反对增加军事预算，被一名职业暴徒枪杀。凶手虽被判死刑，临刑前天皇却念其动机"爱国至诚"予以特赦。1932 年 5 月，首相犬养毅因感国力有限主张侵华要"稳健"，结果又被几名青年军官闯进门按倒，用手枪抵住脑袋开了火，凶手投案后不久又获释。1936 年 2 月 26 日，1400 名官兵竟在东京发动血腥政变，要求"昭和维新"并追杀元老重臣。天皇裕仁对"二二六事件"的过火行动感到不能容忍，镇压了带头的尉级军官，不过日本政党政治在这种暴力恐怖环境中也基本结束，上层中都无人敢违抗军部的意志，这种法西斯式统治方式使整个国家走向了不可遏制的对外侵略道路。

在 20 年代，日本的军事工业水平只有舰艇制造业紧追西方，其他装备都落后很多，尤其缺少西方在第一次世界大战中推出的坦克、战斗机、轰炸机等一系列机械化装备。1921 年裕仁作为皇太子访问英国，重要目的便是利用日英同盟还存在的关系引进一批新装备及其技术。

由于日本缺乏第一次世界大战的经验，本国机械工业水平又比较低，陆军作战思想还长期停留在日俄战争时期。西方国家经过一次大战，已确认远程火器是未来陆战的主角，步兵武器要注重轻便和自动化，为此研制冲锋枪并普遍缩短步枪的长度。日本陆军却仍然强调步枪和刺刀决定论，1905 年之后推出的"明治三十八年式步枪"（因其有防尘盖被中国人称为"三八大盖"），成为当时世界上最长的步枪，便于远程射击和拼刺刀。这种做法固然是因日军机械化水平落后于欧美，同时也反映了战术思想的保守落后。

1922 年华盛顿条约签订后，日本因着重发展和维持国际上号称"贵族军种"的海军花费了多数军费，被迫压缩陆军开支。其海军保持吨位 100 万吨、兵员 10 万余人，陆军则长期保持 17 个师团（平时缩编）、20 余万人。

📎 1905 年设计定型的"明治三十八式步枪"，此后装备日军长达 40 年。这种"三八式"长度达 1.28 米，在一次大战后各国纷纷缩短步枪长度的情况下成为世界上最长的步枪。

日本虽实行了"大正裁军"，却采取普遍兵役制，适龄青年按规定要入伍一年再复员转入预备役，此后每年集中训练一个月，这样能达到"平时少养兵，战时多出兵"。日军各师团又有三套班子（分现役、留守、预备役）和大量"在乡军人"即预备役官兵，并储备了武器，一旦需要便可三倍动员。如日本在发动九一八事变时在南满只有一个缩编师团和部分守备队不足 2 万人，临时动员在满洲就业的"在乡军人"后兵力马上达到 4 万人。

从第一次世界大战结束到 30 年代初，西方法西斯思潮日益滋长，希特勒的纳粹党的力量日益壮大并积极准备夺权。日本昭和天皇支持下的法西斯军人集团也取消了"大正民主"，积极准备发动战争。美国陷入经济危机后采取"孤立主义"，这使德日法西斯势力愈发猖狂，太平洋上也越来越不太平。

中日战争泥潭

第二章

1931 年 9 月，日本当局以『满洲事变』之名实际开始了侵占中国的战争，先从东北再逐步向关内进攻，至 1937 年夏终于发动了全面侵华战争。中国停止内战后团结抗战，拖住了日本陆军的主力，美国认为这符合其自身利益而给予了少量帮助。

日本侵华深陷泥潭并激化对美矛盾

　　1931 年 9 月，日本当局以"满洲事变"之名实际开始了侵占中国的战争，先从东北再逐步向关内进攻，至 1937 年夏终于发动了全面侵华大战。美国对日本突破"华盛顿体系"而想独占中国表示反对，不过长时间内又不愿出力干预而采取了绥靖政策。中国停止内战后团结抗战，拖住了日本陆军的主力，美国认为这符合其自身利益而给予了少量帮助。日美矛盾不可避免地日益尖锐，双方都进行了太平洋战争的准备，日方出于疯狂的扩张性而备战更为积极。

1931 年九一八事变后日军参拜靖国神社后走上战场，标志着日本从此要一步步扩大战争。

对二战何时开始虽有争论，日本侵华扩大却使世界走向战争

　　1918 年第一次世界大战结束，却种下了第二次世界大战的种子。西方的德国企图复仇，英法主要靠"凡尔赛和约"体系来束缚。东方的日本想继续扩张，英美又靠"华盛顿体系"加以控制。1931 年日本首先突破华盛顿体系侵占中国一部分，1933 年德国纳粹党上台后也突破"凡尔赛体系"，就此形成了第二次世界大战的两个策源地。

　　第二次世界大战何时开始？对这个历史问题几十年来世界众多国家有不同说法。争议的原因既出于史学界分歧，也出于各国政治宣传

的需要。

早在二次大战结束翌年，中国便有人提出战争起点是 1931 年的九一八事变。后来有的国人认为，1937 年日本发动全面侵华战争应算二次大战的开端。不过当年中国在国际上声微言轻，体现"西方中心论"的时间表成了主流舆论。欧洲国家普遍认为 1939 年 9 月 1 日德国进攻波兰是第二次世界大战的开端，因为英、法、德等重要国家从此进入战争状态。美国史学界的部分观点，是认为本国参战的 1941 年 12 月才算二次大战的开端。

日本政界和史学界的主流观念，是将 1941 年 12 月算作第二次世界大战爆发。按日本官方口径，1931 年的"满洲事变"和 1937 年的"卢沟桥事变"只是对中国人"反日"做法的一种"膺惩"而非战争。查日本侵华史，仅在 1894 年对清政府宣过战，以后都是不宣而战。采取这种做法，一是避免他国对日禁运，二是不遵守国际战争法规任意残害对方军民，三是利于对华诱降和扶植傀儡。

对第二次世界大战的起点说法虽有不同，人们不可否认的事实是，1931 年日本发动九一八事变（有的中国人认为应称"九一八战争"），是打破第一次世界大战后的国际秩序并走向第二次世界大战的开端。

日本敢于出兵独占中国东北，除了利用国民党新军阀内战不息，也是抓住了西方经济危机这一时机。1929 年 10 月，由美国股票交易引发的全球经济危机出现，美国工业生产在两年内下降了 55.6%，严重依赖外贸的日本受这一经济危机冲击，两年间出口下降 76%，近一半工人失业。当时军部少壮军官叫嚷要"武力解决满蒙问题"，为"过剩人口寻找出路"，这还得到不少人响应。

1931 年 9 月 18 日，日本关东军以自导自演的所谓"东北军炸毁南满铁路"为借口，突然袭击占领沈阳、长春、营口等城市。当时日本重臣和陆军省首脑躲在幕后不出面，由"关东军三羽乌"——板垣征四郎、石原莞尔、土肥原贤二等少壮军人

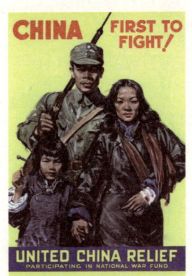

中国全面抗战开始后，美国政府和社会上逐步认识到这一斗争在国际反法西斯斗争中的重要性。美国这一宣传画的题目便是"中国，第一个去战斗！"

出面调动军队。明治维新后日本军队直属天皇称为"皇军"，按军法没有"敕令"而"擅自对国外开战者处死刑"，板垣等人的"擅自"调兵却未受处罚反而在事后飞黄腾达。这充分说明日本高层是纵容板垣等人，只是感到风险太大而在事成后才表态。

日本在 30 年代对中国发动侵略战争后，从来没有宣过战，对外只称是"事变"。

九一八事变发生后，日本政府假惺惺地宣布"不扩大"，以观察英美的动向，关东军却仍在东北扩大占领区。由于国民党中央政府和东北当局实行"不抵抗"政策，4 万日军在 5 天内便占领了东北多数大城市。

南京政府遭受日本进攻后，提出的口号是"彼有强权，我有公理"，在"九一八"的次日即 9 月 19 日便请求国际联盟制止，还说明自己采取不抵抗。这种想以受害悲情引来外国仁慈相救的愿望，在崇尚强权蔑视软弱的国际社会中只能被嘲弄。当时在国际联盟中起决定作用的是英法等国，经济实力超强的美国虽不参加国联却对远东事务有举足轻重的发言权，不过他们正被经济危机搞得焦头烂额。当时日本的出口市场和原料来源大多依赖欧美及其殖民地，实行制裁就足以遏制日本。此时西洋人却蔑视中国，日军进攻满洲打出"反苏防共"旗帜又能得到西方政府某些谅解，因而仅以口头劝告日本撤军而未采取行动。

1932 年春，日本军方将清朝废帝溥仪从天津送到东北，导演了一场"东北民众拥戴"原"满洲皇帝"重新"建国"的欺骗世界的闹剧。日军侵占中国东北轻易得手，又挑起进攻上海的"一·二八事变"，接着进攻华北，对华政策由过去参与"瓜分"变为想"独吞"。为寻找帮手，1936 年日本同德国、意大利签订了《反共产国际条约》，这一同盟既有反苏反共性质也意味着要对抗美英法。

由于日本威胁到西方列强在远东的利益，英美政府转而希望中国停止内战一致对日，这对依赖英美的江浙财团及其支持的蒋介石集团产生

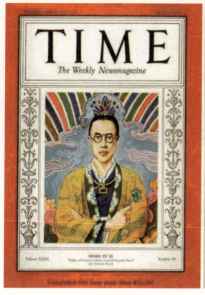

了不小影响。1936 年 12 月，扣留蒋介石促其抗战的"西安事变"和平解决，国民党政府停止"剿共"，中国各实力派团结起来准备一致抗战。苏联迫切希望避免对德、对日两面作战，因而最早对中国提供军事援助以牵制日本。日本军界面对这一形势，叫嚷要"对中（国）一击"，那就是先征服中国再来对付苏联和英美。

日本全面侵华后，被正面战场和后方游击战拖入持久战

1937 年 7 月 7 日夜，日军驻丰台步兵旅团在北平西南的咽喉要地卢沟桥挑起战事。这一不平凡的日子从此铭刻在全中国人民心中，正如当时创作出的《大刀进行曲》所唱："抗战的一天来到了"！中国共产党最早提出要展开全民抗战，各党派和人民团体纷纷响应，蒋介石为首的南京也表示不能再退让。这样，从"九一八"开始的局部抗战，从卢沟桥战事开始变成中华各民族的全面抗战。

日军进攻卢沟桥时，又重演侵占东北的故伎，政府声称"不扩大"，军方却从 7 月 11 日起在国内开始动员，两个多月内将现役军队由 35 万人扩大到 105 万人，并将 50 万兵力投入中国关内战场。日本军部还向

1937 年 7 月 7 日卢沟桥事变发生,标志着中国全面抗战的开始。这幅国民党政府当年绘制的彩画显示出中国驻北平的西北军士兵还普遍戴英式扁钢盔。

这幅画中表现了卢沟桥事变时的中国军队形象,各派系军队服装不统一,如前面的中央军士兵戴德式钢盔,右面的非中央系的第二十九军士兵还穿旧西北军军服。前面两个士兵分别装备捷克式 ZB24 轻机枪和德式冲锋枪(当时中国称"花机关枪"),后面的士兵仍按过去西北军的传统背着大砍刀。

日军在 1938 年改变了军装和军衔样式,鉴于行军背负枪支背包时而改原来肩上的窄肩章为领章。图上左的日本军官仍着旧军装,军衔为少佐,其领章为黄色表明其为炮兵。中为日本陆军大佐(上校),所着新军服为田野绿,能更好适应中国南方的环境色。右为日本陆军步兵中佐,也穿佩领章军衔的新军装,头上戴着新的制式防晒盔帽。

天皇保证"三个月解决支那事变",即占领华北、华东战略要地,使南京政府屈服或由亲日派代替。

从 1936 年中日双方的主要国力指标对比看,经济力和军力的确相差悬殊。按金额统计,日本工业产值为 60 亿美元,中国不足 10 亿美元,此外日本占领的中国东北即伪满洲国的工农业产值也供其支配。日本政府财政收入为 60 亿日元(折合 20 亿美元),中国国民政府的财政收入仅 11.8 亿元法币(折合 3.8 亿美元)。日本有配套的重工业,年产钢 580 万吨,年产弹药可达 50 万吨。中国没有重工业基础,年产钢不过 4 万吨,年产弹药几千吨,武器主要靠进口。

全面抗战开始后，国民党当局动员起300多万陆军部队，装备和素养却很差。中国空军作战飞机不足200架，日本海陆军航空兵却拥有2600架。中国海军只有5万多吨破旧舰艇，日本海军却有舰艇100万吨。战争爆发后，民国海军未进行一次海战，较大舰艇都自沉或被日机炸沉。中国空军虽奋勇作战，三个月内也损失了大多数飞机，后来靠苏联援助飞机和派出"志愿航空队"（苏联不愿对日宣战而以空军人员改称）才勉强支撑了有限的防空作战。

1937年，日本对华进攻在华北、华东展开。日军在华北侵占了北平、天津、保定、石家庄、太原等主要城市，在华东经激战三个月占领了上海（城内的美英法租界还保持中立化）。12月13日，日军又攻占了南京并进行大屠杀，想以恐怖手段恫吓国民政府尽快降服。

日本发动全面侵华战争后，感到抵抗比预想要顽强得多，为此更要求士兵发扬武士道疯狂精神。当时绘制发行的宣传画《七生报国》，显示了两个负伤被围的日本兵为不当俘虏相互刺击而死，这既体现了其军队的野蛮性，也从反面说明作战并不顺利。

侵华战争初期，日军绘制了不少表现其"皇军英勇"的宣传画。

在日军大举进攻下，国民党军节节败退，国民政府却迁都重庆坚持抗战。中国共产党将5万人的红军改编为八路军、新四军，采取"独立自主的山地游击战"方针，以"敌进我进"的方式跳到日军后方进行游击战。当时大而弱的中国要抵抗小而强的日本进攻，必须采用毛泽东在《论持久战》中阐述的方式，用持久抗战、熬时间的方式将日本长期拖入人民战争的泥潭。

从1938年起，日本侵华的军队形成了两面作战的状态，在正面战场继续进行对国民党军的正规战，在后方又要应对共产党军队的游击战。当时日本当局在中国关内战场上投入了85万部队，首先以南北对进打通了津浦铁路，再以主力进攻武汉，经四个月激战在10月间将这座华中大城占领。不过国民党军基本保存了主力退到西部，八路军、新四军则在日军后方建立了广阔的根据地。

日军占领武汉、广州后，感到共产党领导的力量在其后方壮大形成

中华民国国民主席汪精卫氏の来朝
(华使大摄、兵解野永、其院红、指海川美千上宝、て六载宝宝)

✑ 1938 年末，国民党副总裁汪精卫（前左二）因对抗战失去信心而叛国投敌，随后访问日本并愿充当傀儡，在南京建立伪国民政府。

严重威胁，同时本国在战略上已处于对华、对苏、对美的三面受敌状态，不能再向中国增兵。此时日本陆军最精锐的"皇军之花"关东军同远东苏军对峙，海军又需要增加投入应对美国，在中国战场只得转入相持并加紧诱降活动。

1938 年末，对抗战丧失信心的国民党二号人物、副总裁汪精卫投降日本，随后率几十名中央委员并策动了几十万国民党军附敌，并于 1940 年春天在南京建立伪"国民政府"。这个傀儡政权受到全中国人民的唾弃，靠日军的扶植才能存在，随后又成为日军引诱蒋介石政权屈服的一个障碍。

日军在中国正面战场上虽停止战略进攻，却为保持压力而在局部地段进行一攻一撤的"活塞式攻势"，国民党军则进行一次次防御性会战。1939 年，国民党军在南昌附近进行了南浔路会战，在鄂西北进行了随枣会战，又进行了第一次长沙会战、桂南会战，其中在湘北和广西昆仑关还取得过全国瞩目的战绩。1940 年，国民党军除在桂南继续作战并在部分地段进行过战术攻击外，又在鄂西进行了枣宜会战。1941 年，正面战场进行了江西的上高会战，晋豫边的中条山会战，以及第二次、第三次长沙会战。

占领武汉、广州后，日本大本营又决定在中国占领区展开"治安战"。日军抽调了几乎一半的在华兵力，陆续对八路军、新四军开辟的抗日根据地进行"扫荡"，并实行极其野蛮残酷的杀光、烧光、抢光的"三光政策"。中国解放区军民在没有外援、武器装备主要靠缴获的极其困难条件下，依靠群众进行游击战，不断粉碎日军"肃正治安"的企图。至 1940 年秋季，日军在中国关内占领的 2 亿人口的地区内，已有 1 亿人口的地区成为八路军、新四军控制的抗日根据地。

长期战争的消耗，对国土不大、资源贫乏的日本是巨大灾难，想"以战养战"进行掠夺也补偿不了作战消耗。自 1939 年起，日本实际国民产值便开始下降，大幅增加军工生产时只能压低民用品生产。1940 年以后日本的主要消费品和食品都要凭票且供应不足，1940 年以后普通人已

开始进入营养不良状态。

纵观日本的国力变化，在进行太平洋战争之前其经济已走下坡路，这正是中国人民的抗日战争为国际反法西斯战争做出的重大贡献。已经被扩张的疯狂冲昏头脑的日本皇室、军阀和财阀却不可能就此收手，只能再铤而走险。

日本试探着挑战苏联，对美矛盾也日益激化

从 1937 年 7 月至 1941 年 12 月太平洋战争爆发，日军在这四年"卢沟桥事变"中共死亡 18 万人（其中阵亡 14 万人，其余为伤病亡），负伤 53 万人，患病后送 43 万人，总计减员 114 万人。日军在太平洋战争前建立的 51 个陆军师团中，在中国关内便长期保持在 25 个左右，而且在正面战场作战和后方的"治安战"中都不能取得决定性胜利，只有在对方持久抗战中长期拖下去。

日本当局认为中国能坚持抗战，是因为有苏、美、英援助，想"解决卢沟桥事变"关键是切断外援。日本对苏联采取军事威胁并挑起过局部战争，对美英曾争取以谈判让其容忍自己的侵略，然而这两种方式最终都没有取得成功。

自 19 世纪 90 年代以后，日本一直把俄国当成陆上最大敌人，在 1918 年至 1922 年还出兵占领过俄远东一部分，苏维埃政权巩固后才被迫撤军。此后苏联建设事业的发展使其军力增强，陆军装备较之偏重于海军的日本占有优势。1937 年全面侵华战争开始后，日本也不断增强关

1937 年全面抗战开始后，国民政府发行了一张《海陆空军抗敌出师图》宣传画，显示了蒋介石统帅陆海空军一起作战，实际上当时中国军队的装备与这张画上的描绘相差甚远。

日本当年所绘的一张油画，反映了在南昌附近日军的一辆九四式坦克被中国第四十九军步兵围攻，虽说其用意是突出对手的武器落后，却也表现出中方士兵前仆后继的勇敢。

诺蒙坎作战时的苏军形象，左边的下级军官穿三五式军装，中间为调到战场的库班哥萨克军人，右为军级指挥员朱可夫（所佩的三颗将星相当于中将）。

日本所绘的这张1939年夏天在诺蒙坎同苏军激战的油画，虽然意在显示武士道拼命精神，实际上也表明其陆军装备远比苏联落后，不得不以血肉同钢铁相搏。

1938年日军装备了九七式中型坦克（重15吨，按国际标准只能算轻型），画上的前车配备一门57毫米口径短管炮（后车为改进型配备一门47毫米战防炮）。日本这幅画中显示该车前面有被其击毁的苏联生产的T-26坦克的炮塔，实际上九七式坦克列装时苏军已有更先进的T-28中型坦克，该车仍不是对手。

东军，两年内将其兵力由8万人增至30万人，准备待"解决支那事变"后再回头攻苏。

苏俄自1921年结束国内战争后，确定的国防战略是西方主要防范波兰，东方防范日本。中国抗战开始后，苏联在1937年至1940年间提供了价值3亿美元的武器装备，成为当时唯一大规模援华的国家。此时希特勒德国成为苏联的最大威胁，斯大林发起的"大清洗"又导致大多数军官被捕被杀，因而苏联援华时又避免对日开战。日本看到苏联出现可怕的内耗，少壮军人极力主张趁机对苏开战，此时军部头目也决定以武力试探一下苏联的底线和实力，苏方恰好也想以强硬态度警告日本，双方的局部战事便不可避免。

1938年8月，日苏两军在中、苏、朝三角地带的张鼓峰爆发了师级规模的战斗，因日军主力陷入中国战场，其统帅部主张"不扩大"，日军在11天战斗后同意停战。关东军的少壮派对此不甘心，翌年春天终于挑起一场局部战争。

1939年5月至9月，日本关东军在满洲与外蒙古交界的诺蒙坎（苏方称为哈拉欣河）对苏军寻衅，冲突演化成各有近10万人参加的大战。在这场未宣战却堪称中等规模的局部战争中，苏军投入几百辆坦克，夺

取了空中优势，在军中新秀朱可夫指挥下击败了关东军第六军（苏联称"歼灭"第六军属夸大之词）。

诺蒙坎一战，显示出日军航空兵同苏军相比还逊一筹，其陆战装备更是大为落后。在广阔的蒙古草原上，面对苏军坦克群和占绝对优势的火力，主要靠步兵火力的日军凭着"武士道"拼死冲杀，横尸遍野也无法挽回失败。当时日军只承认伤亡共 1.7 万人，其实据 1966 年对靖国神社所祭悼的阵亡者灵牌（因战争中所有日本战死者都被作为"护国神"送灵牌入神社）的统计，这一仗战死的日军就有 1.8 万人，伤亡总数在 4 万人以上。

日军士兵胸前挂战友的骨灰转战，是当年战场上一个独特景观。日本当局为鼓励官兵卖命，保证每个阵亡者的遗骸都能回家乡，其战死者便不能按其他军队惯例就地掩埋，要在焚化后由战友携带，结束战斗后再送回家乡。其实后来找不回或不能辨认的尸体越来越多，经常将众多阵亡者一同焚化后，象征性地向每个骨灰盒内充填，里面往往是"张冠李戴"。

日军在诺蒙坎惨败后，长期心有余悸，感到如装备和火力不占优势就不可贸然攻苏。苏联继续加强远东军，其兵力和装备长期保持着对关东军的优势。此前日本军政要人在"北进"和"南下"之间争论不休，诺门罕战后"南下"派便占了优势。日方从经济掠夺的角度考虑，也感到苏联远东地区多数时间是冰天雪地并无多少可取之物，向南方扩张才能夺取急需的资源。当时日本在中国只获得了铁矿石、煤炭和谷物，却没有找到石油，因此必须向南洋掠取。

日本准备向南扩张，同美国、英国的矛盾自然会进一步激化。日本因实力不如美英，加上又与中、苏为敌，在很长时间还是想以施压和谈判迫其让步。

在 1929 年至 30 年代中期的经济危机期间，美国减少了干预欧亚事务，其军队长期只保持在 25 万左右，年军费开支减少到只有 3 亿美元左右，美国的陆军在 1934 年只装备区区 12 辆坦克，海军保持原有舰只不再新建。面对国际法西斯的猖獗，1935 年美国国会通过"中立法案"即不加干预。1937 年日本发起全面侵华战争后，美国和英国又表示中立，声称对交战双方都不提供武器。

尽管美国的孤立主义思潮占主导地位，罗斯福总统从本国长远利益出发，还是对中国表示了同情，不过其提供的帮助在太平洋战争爆发前非常有限。1938 年春季，美国对华提供了一笔名义为稳定物价的贷款，

日本航空画家小池繁夫的这幅画，描绘的是 1940 年日本陆海军航空兵装备了零式战斗机，其性能大大优于中国空军装备的苏制伊－16 战斗机，翌年美制 P-40 战斗机投入空战后才能与之匹敌。

允许中国购买价值 4800 万美元的战争物资。1938 年底，中国与美国达成了桐油借款，在中方向美方出售 22 万吨桐油后，美方提供贷款用于购买汽车。1940 年 3 月，美国以进出口银行的名义划拨 2000 万美元贷款给中国。

此时的英国对中国却几乎没有援助，尤其是 1940 年纳粹军队横扫西欧时，英国感到德国对其本土构成迫在眉睫的威胁，在远东曾有放弃在华利益而保全其他殖民地的"远东慕尼黑"打算。日本当局利用这一时机，对英、对美谈判时都提出了要其放弃援华的要求，自己承诺的回报是不策应德国。

1940 年夏秋，远东局势进入一个风雨动荡的关节点。英国在 7 月间屈服于日本压力，宣布封闭当时中国输入国外物资的主要交通要道滇缅公路（此时缅甸是英国殖民地）。苏联在西部受到德国威胁也想缓和对日关系，从中国撤回了"志愿航空队"。重庆国民政府对持久抗战产生了动摇，在中国香港同日本开始了秘密谈判（双方商谈媾和的焦点是中方能否承认"满洲国"和同意日本在内蒙古留驻兵力）。中国共产党感到国内投降危机严重，在 8 月间以八路军 20 万军队出击华北的日军铁路交通线，此举振奋了国内人心，却因力量有限不可能扭转中日之间的战略形势。此时，美国的态度起到了非常关键的作用，

制止了对日妥协的风潮。

　　罗斯福总统从美国长远的战略利益考虑，认为再不能向法西斯退让，并感到中国的抗战可帮助其牵制日本，美国正好可以利用这一机会整顿军备准备参战。从 1940 年 7 月起，美国采取了一系列对日经济制裁，全面禁止对日出口废钢铁，禁运扩大多数战略物资（不包括石油）。9 月 13 日，美国同意再给中国 2500 万美元的新贷款。9 月 27 日，日本与德国、意大利签订了同盟条约，次日美国白宫便召开紧急会议，确定德国为头号敌人，日本是二号敌人。10 月 12 日，罗斯福发表讲演谴责德日意同盟，并表示要与之斗争，被国际上认为是准备参战的宣言。美国这一积极态度马上影响到英国，10 月英国政府同意开放滇缅公路，重庆国民党政府看到美英对自己表示了支持，停止了在香港同日本的秘密谈判。

　　1940 年 11 月 29 日，美国总统罗斯福同意向中国再提供两笔各为 5000 万美元的贷款，11 月 30 日又发表了财政援华声明。1941 年初，美国、英国驻中国的军事代表同国民政府开始洽商军事合作，3 月间美国通过了租借法案时又将中国列入租借法案借贷国，联华抗日的意向就此确定。

　　1941 年 4 月 10 日，美国总统罗斯福秘密发布命令，允许美国退役军官和陆海军航空部队退役人员参加志愿援华队，同意中国以优厚的价

当年美国画刊所绘的战时来华美国人的情景，流露出对华人的优越感。

TIME
THE WEEKLY NEWSMAGAZINE

CHENNAULT OF THE FOURTEENTH AIR FORCE
Dragons to the Chinese, Tigers to the Japs.
(World Battlefronts)

美国退役军官陈纳德在华组织飞行队，当时中国政府对此大力宣传，美国《时代》杂志也将其作为封面人物。

格购买了 100 架美国战斗机。得到政府同意后，由在华的美军退役军官陈纳德牵线，由中国出钱招募 100 余名美国志愿飞行员和 200 余名地勤人员，建立了一支航空队。1941 年夏天，美国志愿航空队进入缅甸和中国云南进行训练，所装备的 P-40 战斗机的性能也可以同日本新型零式战斗机相匹敌。太平洋战争爆发后，航空队在 1941 年末投入了保卫昆明等地的战斗，因空战连连获胜而被人称为"飞虎队"。

"飞虎队"建立时，同全部由现役空军人员组成且无偿尽义务的苏联援华航空队不同，属于中国出钱雇佣的私人性质武装（飞行员月薪 600 美元，相当中国 2000 块大洋），不过陈纳德组建这支航空队也成为美国准备参战的前奏。

美国援华的态度能逐渐趋向积极，重要原因是中国军民显示了能陷日军于战争泥潭的力量。此时美国、英国虽然也有对日本作战准备，却坚持"先欧后亚"战略，想首先对付纳粹德国，为此采取对日绥靖安抚，随后却遭受了意外突袭。

1941 年在中国云南建立的美国志愿航空队，其飞机涂中国空军机徽，不过机头绘有一副鲨鱼嘴，一时人称"飞虎队"。

偷袭珍珠港

第三章

1940年世界形势剧变导致日美矛盾激化，日本狂妄的少壮军官几乎都叫嚷『不辞一战』，上层却担心实力不够而犹豫不决。日本对美一面谈判一面备战，美国对日则是一面施压一面安抚。

日美谈判破裂后日军偷袭珍珠港

　　1940 年世界形势剧变导致日美矛盾激化，日本狂妄的少壮军官几乎都叫嚷"不辞一战"，上层却担心实力不够而犹豫不决。日本对美一面谈判一面备战，美国对日则是一面施压一面安抚。最后日本的冒险野心冲破了顾虑，以袭击珍珠港和西太平洋的美、英军队开始了太平洋战争。美国对日本的铤而走险缺乏防备，一时吃了大亏，不过这也刺激了那架世界上最大的工业机器马上转入战争轨道。

日本向南洋的扩张使美国感受到威胁，其国内的宣传画便以绘出的毒虫表现这一危险。

美国自认捏住日本"命门"，想以经济制裁迫其就范

　　1939 年 9 月德国进攻波兰并同英法开战，美国宣布中立却在经济上支持英国。1940 年 6 月德国横扫法国，日本急于趁火打劫，于 9 月 27 日同德国、意大利订立了建立轴心国的同盟条约，准备合伙瓜分世界。同时，日军迫使已向德国投降的法国维希政府同意其派兵进入越南北部。

日本还正式提出了“大东亚共荣圈”的纲领，扬言要驱逐“白种人”而由自己掌握亚洲“领导权”。这一扩张目标严重触犯了美国利益，日美争夺西太平洋的矛盾便走向彻底摊牌。

此时，美国内部还有强烈的“孤立主义”思潮，多数民众反对为亚洲、欧洲事务牺牲本国生命。罗斯福总统要求把军队从过去的25万人扩大到200万人，国会却难以通过。美国政界、商界许多人认为，停止供油就会让日本的军舰、飞机开不动，仅靠制裁便能奏效。不过对一个强盗来说，由此引发的心理却会是“不给我就抢”。

日本对美国长期有着经济依赖性，关键在于本国地狭物贫，重要资源大都需要进口。日本国内只产少量的煤，炼钢铁所需铁矿石主要从中国掠夺，近一半炼钢原料又是从美国进口的废钢铁，称为“工业血液”的石油又是日本资源领域中最大的软肋。当时日本石油年需量约500万吨，自产仅39万吨，四分之三需要从美国进口，其余主要购自荷属东印度（后来的印度尼西亚）。

对美开战前，日本曾努力增加石油储备，同时准备夺取荷属东印度

美国所绘的德日意三国结盟的漫画。

1940年9月德国、日本和意大利结成轴心国联盟后，美国便认定同这一集团必然进入战争，这是当年美国描绘三国轴心的漫画。

1941年10月就任日本首相的东条英机，是陆军新兴的昭和军阀的代表，不过因资历较浅毕竟还是天皇和军部意志的执行者，并非最高决策人。

日本退役的海军大将野村吉三郎作为外交官赴美国谈判时，被《时代》杂志作为封面人物，说明对此人还是寄托能维持和平的希望。

✍ 日本水兵在舰上操练。

✍ 太平洋战争开始时日本在热带地区的水兵服装。

✍ 太平洋战争开始时日本海军飞行员着飞行服形象。

✍ 太平洋战争开始时日本海军舰队少佐服。

✍ 太平洋战争开始时日本海军将官正装。

✍ 日本海军航空队的预备军官（士官）。

的油田。1941 年夏天，日本已储备了 800 万吨石油，如节省使用可支持近两年。6 月 22 日德国对苏联开战，日本高层又出现了"北进"和"南进"之争，陆军倾向配合德国对苏开战，在 6 月末至 7 月间开始了"关东军特别大演习"，驻满洲的兵力由 35 万人增加到 80 万人。与此同时，日军于 7 月末派 2.5 万军队进驻法属越南南方，在西贡等地抢修机场，为进攻马来亚和荷属东印度做好准备。

贵族出身的首相近卫文麿一直惧怕美国，主张谈判而不赞成开战，却受到军方压力而于 1941 年 10 月辞职。

日本南进的举动激怒了美国，1941 年 8 月 1 日白宫宣布实施石油禁运，已流亡到伦敦的荷兰政府也根据美方要求禁止出口石油。近卫文麿首相为首的许多日本人听到这消息，都感到挨了当头一棒，靠储备过日子会"过一天少一点"，军方要人都向政府催促"要么谈成，要么快打"。

8 月 9 日，天皇裕仁主持御前会议，议定年内放弃北上攻苏的计划，准备南下作战，同时也争取同美国谈判解决争端。世代贵族出身、一向畏惧美国的首相近卫文麿提出想飞到阿拉斯加去美国同罗斯福面谈，包括陆军大臣东条英机在内的许多军人也感到心虚，同意力争谈判解决矛盾，海军头目更显得对开战信心不足。

此时任日本驻美国大使的野村吉三郎，是退役海军大将，过去任驻美海军武官时曾与时任美国海军次长，后来成为总统的富兰克林·罗斯福有过交情。他以"亲美"姿态一再同美国要人谈判，9 月间日本又派出特权来栖协助野村大使谈判。

美国根据"先欧后亚"的战略想首先稳住日本，对日谈判中

1940 年美国开始扩军时的陆军士兵装备图，由于和平主义思潮的影响，此时士兵还装备一次大战留下的 M1910 式装具，使用 1903 年式步枪。

提出条件主要是：

1. 日本从中国大陆（不包括满洲）和印度支那撤军；

2. 在中国实行门户开放，机会均等；

3. 美国恢复同日本的正常贸易。

这些条件的实质，是恢复 1937 年日本全面侵华前的状态，日本军界对此纷纷叫嚷说："接受这些条件，不等于'卢沟桥事变'以来四年将士们的血都白流了吗？"

首相近卫文麿虽不完全同意美国的条件，却认为可以商量，结果被军部拆台。10 月上旬，近卫的秘书尾崎秀实是苏联秘密情报员一案被侦破，说明此前首相掌握高层决策情况都已报到莫斯科和延安，这一惊天大案导致近卫内阁辞职。

10 月 18 日，陆军推举的陆相东条英机大将被天皇任命为首相，对美"强硬派"占了上风，这表明日本又向对美英开战迈进了一步。

山本五十六哀叹"美国工厂的烟筒比日本的树还多"

当年日本高层分为"强硬派"、"稳健派"，其实他们在侵略扩张方面的态度是一致的，只是在步骤、方向上有分歧。1940 年就任统率日本各舰队的联合舰队司令官（相当于海军前线总指挥）的山本五十六大将，起初就是不赞成对美开战的代表之一。

担任过驻美国大使馆的海军武官的山本五十六上任后，便有一批批

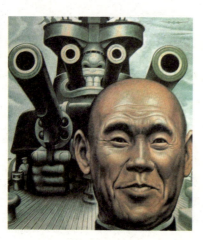

美国漫画所绘的日本海军军令部长永野修身是发动侵略的要角，此人其实也对同美国开战没有信心。

军官到面前叫嚷对美开战。山本总是向这些人发问说："你们去过美国吗？""那里工厂多得很啊！"他甚至还夸张地说："美国工厂的烟筒比日本的树还多。"

近现代战争的基础是经济实力。从下页表便可看出，在 20 世纪头 40 年间，日本靠对外掠夺和产业开发取得全球资本主义国家中最快的发展速度，工业总量中由只

占 1% 增长到 4%，却仍不到美国的 1/10。值得思考的是，日本战后进入和平发展时期，用了 40 年倒是真正进入了世界经济强国、富国前列。

美、英、法、德、日工业生产所占资本主义世界的比重表

	美国	英国	法国	德国	日本
1900年	31%	18%	7%	16%	1%
1910年	35%	14%	7%	16%	1%
1920年	47%	14%	5%	9%	2%
1930年	42%	10%	8%	11%	3%
1937年	42%	11%	5%	12%	4%
二战后比例（注：德国统计仅为西德）					
1948年	53%	11%	4%	3.6%	1%
1988年	32%	7%	7%	10%	18%

附注：

1991 年苏联瓦解后，世界上经济统计不能再按阵营划分，信息化发展又使国民产值多样化。按 2013 年全球的国民产值（即 GDP）中的各国所占比例统计，美国占 22%，中国占 12%，日本占 7%，德国占 4%，英国占 3%，法国占 3%。中国的崛起成为世界经济格局的最重大事件，所占全球 GDP 的比例从 1978 年的 1.8% 上升到 12%，居于第二位。日本所居近 30 年的"老二"地位于 2010 年被中国超过，但仍居于世界第三位。

工业化时代的战争，是以钢铁、煤炭、石油、发电量、船舶的产量为基础。从下表可看出战前日本同美国在此领域相差极为悬殊。它盟国德国也远比不上美国。

1940年美、英、苏、德、日各国主要工业品产量对比表

国家	美国	英国	苏联	德国	日本
钢产量（万吨）	6076	1318	1840	1914	685
煤产量（万吨）	49000	23000	17000	38600	5300
发电量（亿度）	1980	320	460	650	330
石油产量（万吨）	182000	靠进口	3700	占领区供应740	39
船舶吨位（万吨）	1420	1770	量少未公布	392	560

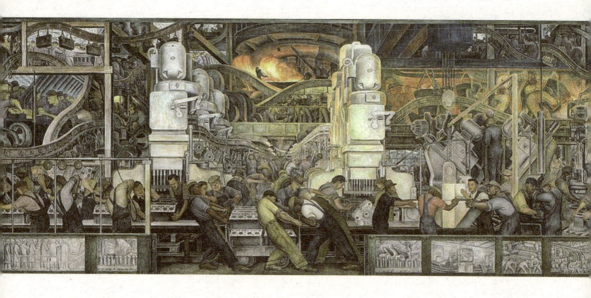

从上页表可看出,1940 年美国在主要经济指标上对日本所占的优势倍数是:钢 9 倍、煤 9 倍、发电量 6 倍、石油 50 倍、船舶 2.6 倍。

此时美国工业能力还未充分动员,按日本驻美使馆计算,如按双方工业产能看,美国对日本至少有 10 倍的优势。以国民总产值(GDP)对比,美国如充分动员产能可达年 2000 亿美元(当时美元的购买力相当现在的 10 倍),日本只能达到 100 亿美元。当时美国产品的技术水平大多还要领先日本 20 年,只是日本将飞机、舰艇当作发展重点,这两个领域内双方差距还不大,如日军的零式战斗机与美制最好的 P-40 等战斗机还处于同一水平。

日美双方力量对比差距最大的领域，还是美国所需资源如铁矿、煤矿、石油等都系国内开采，日本主要从海外输入，日方工业基础就此显得更加脆弱。

日本海军对国外交往很多，对美国的顾虑也最大。海军军令部长永野修身是主战派，面对天皇提出"开战后有无把握"的询问，只回答"一年内有取胜把握"。他认为美国军力如充分动员起来日本就必败，唯一的希望是开战后迅速获胜以迫使美方讲和。

山本五十六也持同样的看法，结果这个日本陆军所痛骂的"亲美派"人物却筹划指挥了奇袭珍珠港，从此开始了以日美决战为中心的太平洋战争。

鉴于日本实力不足，"稳健派"策划奇袭美军

日本联合舰队司令山本五十六在 1940 年上任时，属于对美"稳健派"。不过看到日美矛盾无法调和后，他于 1941 年 1 月 7 日最早提出了一个奇袭珍珠港的方案。山本受两个月前英国航空母舰舰载机攻击意大利塔兰托港击毁 2 艘战列舰的启示，认为美、日军舰的总吨位是 10：6（180 万吨位对 110 万吨位），美国战舰性能还占优势，若打堂堂之阵的海战日军没有获胜希望。山本的主张是，最好不打，若打就必须对美军实施奇袭，争取速战速胜速和。

位于美国海外领地夏威夷（战后划为一个州）的珍珠港，是美国太平洋舰队的主要停泊地。山本五十六提出，开战前就要调日本的航空母

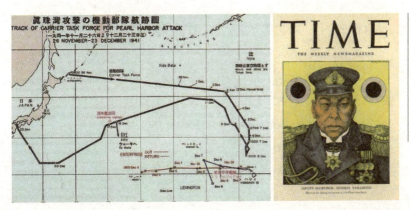

⊘ 山本为首的日本海军制定的偷袭珍珠港的路线图，选择走冬季很少有船只航行的北太平洋航线，再从南面折回。

⊘ 山本五十六成为《时代》封面人物。

舰到夏威夷附近，以舰载机空袭并摧毁港内的战舰，这样日本海军一举便可以化劣势为优势。

这是一个带有赌博性质的冒险计划，不过山本五十六原来就是一个赌场高手，到欧洲旅行时所到之处都连连下注赢个大满贯，吓得许多赌场老板都不让他进门。不过战场不同于赌场，不是押钱而是要以大批官兵乃至自己的生命为赌注。从万里之外派一支舰队偷袭力量占优势的对手，在世界现代海战史还无前例。日本海军研究了这一远程奔袭方案并做了图上演练，结果是成败可能参半，若接近夏威夷前被美军发现并实施反击，日军至少会损失2艘航空母舰。

山本五十六等人为完成这一战史上空前的海军袭击，在国内选择近

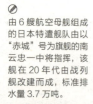

由6艘航空母舰组成的日本特遣舰队由以"赤城"号为旗舰的南云忠一中将指挥，该舰在20年代由战列舰改建而成，标准排水量3.7万吨。

似珍珠港的海湾反复训练飞行员低空投弹。从1941年夏天起，日军在中国海南岛上建立了陆军第二十五军，训练官兵在复杂的热带林间小道上骑自行车穿行，这又是为进攻马来亚半岛做准备。

日本高层积极备战时，也在争取以谈判迫使美国妥协。10月18日东条英机兼任总理大臣、内务大臣、陆军大臣三职，马上向美国提出甲、乙两案谈判，其主要内容是：

1. 美国恢复对日本的石油供应和其他贸易；

2. 日本同意立即撤出印度支那；

3. 日美双方同意在华实行全面通商门户开放；

4. 日军在华北、内蒙古、海南岛需驻兵25年，两年内可从中国其

他地区撤出。

日本的这些条件对美让步很小，底线仍是保持在华侵略成果。考虑到美国接受的可能性不大，日本御前会议决定以 11 月底为最后期限，美方不同意便于 12 月 8 日开战。

为什么选择 12 月 8 日？因为当天是星期日，可以趁美军放假实施偷袭。

11 月 26 日，包括 6 艘航空母舰在内的日本特遣舰队在北海道北面的单冠湾秘密集结，选择寒冬时没有什么过往船只的北太平洋航道向夏威夷驶去。出发前山本五十六规定了可以发动袭击的暗号，同时嘱咐指挥特遣舰队的南云忠一等人："如果日美谈判达成协议，就要马上返航！"

据当事者回忆，一些下属马上喊："箭射出去是折不回来的，事实上不可能返航！"

山本五十六马上斥责说："认为不能返航的，请立即辞去自己的职务！"

这个战争赌棍制订了奇袭珍珠港计划，在实施之前还抱有一线避免对美国开战的希望，并不是因为热爱和平，而是做贼心虚，知道打这一仗后果难测。

11 月 27 日，美国拒绝了日本的方案。12 月 1 日，日本御前会议一致决定对美开战。12 月 2 日，特遣舰队接到电报暗号"攀登新高山"，即按预定计划攻击珍珠港。

根据开战命令，日本第二十五军也准备登舰在马来亚半岛登陆，驻广州的日军第三十八师团向深圳集结准备进攻中国香港，中国台湾岛上的日军则准备攻击菲律宾。

画中描绘了起航驶向珍珠港的日本特遣舰队，航母旁边还跟随了几艘油船和护航舰。

在海南岛训练准备进攻南洋的日军。

美国仍抱绥靖幻想，珍珠港基地疏于防范

日本准备在几千公里的广阔战线开战，必须调动大量兵力，这一动

向不可能瞒过美英的战略侦察,何况美日早就互为潜在敌国。美国通过代号"魔术"的密码破译机已译出日本外交密码,知道其准备破裂,那么事先为何没有采取应有的防范措施呢?

战后有人猜测说,罗斯福知道日本密电内容,却不在珍珠港实施防备,是演出"苦肉计",想在遭偷袭后动员国内民众拥护对日开战。此说从史实看不能成立,因为只要日本先攻击美国,美国理所当然要对日宣战,根本不需要故意让自己遭受惨重损失。

从破译密码一事可看出,美国译出的只是日本外交密码,并不知道其军事行动计划,驶向珍珠港的日本特遣舰队又采取无线电静默。美国自恃自身力量强大,罗斯福认为日本对美开战会是"自杀式的愚蠢行动",松懈战备的根本原因还是对日方疯狂性估计不足,认为它不接受谈判条件也不至于狗急跳墙。此时美军虽有150万人,其中

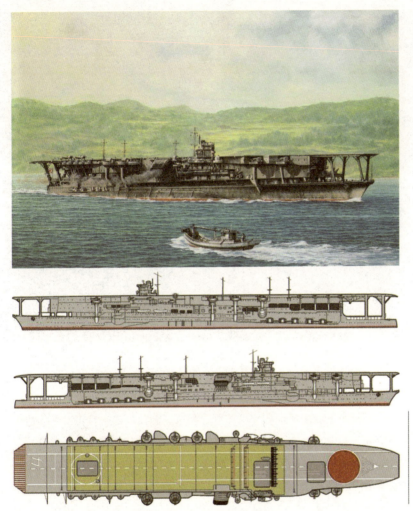

日本在太平洋战争初
期的主力舰母"加贺"
号。

加贺号航空母舰三视
图。

却有 100 万人刚入伍接受训练,战略重点又在大西洋。美国海军的 7 艘航空母舰、17 艘战列舰中只有 3 艘航母、8 艘战列舰在太平洋舰队,因此还想稳住日本以争取时间做准备。

英国此时正在欧洲全力对付德国,也想稳住日本,基本赞同美国对日本的判断。英军在中国香港只有象征性的防卫力量,在马来亚主要靠澳大利亚和印度殖民地军队来守备,派驻当地的战斗机大都属于"古董级"水平。

日本此时已有军队 240 万人(陆军 210 万人、海军 30 万人),海军有航空母舰、战列舰各 10 艘,在太平洋战区的战备程度远高于美英。为麻痹对手,日本派到华盛顿的特使仍表示要谈判,日美海运航班继续

日军"飞龙"号航空
母舰。

美国当局在战前就十分
注意破译日本密码，所
发明的密码机的译电迅
速甚至超过日方的"紫
色密码机"，因而在日
本驻美使馆译出对美断
交的密码前就已将其译
出。一位负责此工作的
女性还马上开车将其
交到国务卿赫尔手中。

运营。由于日本航空母舰的动向一直受美国监视，联合舰队故意制造了
主力航母仍在港内的假消息。

　　从日本发动战争的历史规律看，都是以想速战速决打垮对手，惯用
伎俩就是在宣战前突然袭击，不受任何道义约束。1894 年甲午战争前夕
挑起丰岛海战，1904 年日俄宣战前便袭击旅顺口，便是这种前例。据日
方侦察，美国太平洋舰队大多数舰艇都停泊在夏威夷的珍珠港内，冬季
海况不好时很少外出。虽然珍珠港外有飞机远距离巡逻，有执勤船并布
设反潜网，水兵和飞行员在放假的周日却大都离岗。美国又想不到日本
会从 5000 公里外派舰队到珍珠港外，再从
空中进行打击，选择星期日实施空袭是最
好的打击方式，12 月 8 日正是一个星期天。

　　为了避免本国在道义上受到指责，日
本御前会议决定开战前 30 分钟向美国递交
通告。不过这一通告只宣布停止谈判，并
没有正式宣战，其开战仍属"不宣而战"。

　　此时日本海军拥有 10 艘航空母舰，却
有 4 艘是难以搭载轰炸机的轻型航母，真正能够远航攻击的只有6艘即"赤城"、"加贺"、"苍龙"、"飞龙"、"翔鹤"和"瑞鹤"，共搭载420架飞机。根据山本五十六的计划，这6艘航母秘密在北海道以北的单冠湾集合编队后，由2艘战列舰、3艘巡洋舰掩护于11月26日出发，而27艘参加袭击的潜艇提前出发。12月7日午夜，这支特遣舰队驶到距珍珠港230公里处，按计划在8日天亮时发起袭击。

日本这支"机动部队"在严寒和多雾的北太平洋航线上航行10天，只遇到一只本国的小渔船。美国从中途岛、威克岛起飞的巡逻机，都没有遇到日本的航母特遣队，这固然有运气的成分，更重要的还是警戒有种种空隙。

日本偷袭取得战术上巨大成功，却铸成战略失败

1941年12月8日凌晨3时15分（夏威夷时间7日上午8时15分），日本机动部队已驶近夏威夷群岛，开始对美国太平洋舰队实施奇袭，350架舰载机分两批起飞扑向珍珠港。

此时，珍珠港内的美舰有8艘战列舰、7艘巡洋舰、28艘驱逐舰，太平洋舰队的3艘航空母舰恰好都外出不在港内，这使日军失去最重要的攻击目标。

日本政府根据预定计划，曾算好在其舰载机攻击珍珠港之前半小时，由驻华盛顿的特使向美国递交"断交书"。大使馆的译电却出现延误，真正递交给美国国务卿的时间是开战后两小时。此时美国破译日本密码的紫色密码机已提前译出其全文，并交给总统和国务卿。野村大使和来栖特使递来"断交书"时，赫尔国务卿只草草扫了几眼他刚刚仔细研究过的这些文字便说："在我50年的公职生涯中，从来没有看到过任何

日军"苍龙"号航空母舰、"飞龙"号航空母舰。

美国这幅油画形象地反映了太平洋战争爆发前，珍珠港内还是一派和平气氛，官兵和居民都没想到4000公里外的日本能攻击这里。

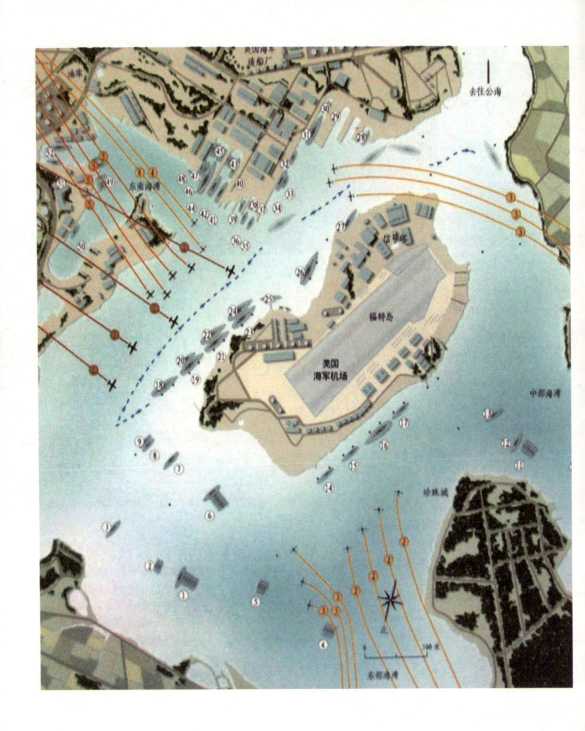

日机分两批次突袭珍珠
港示意图。

一份文件充满了那么多的谎言和歪曲，我想不出这个世界还有哪一个政府能说出这种话"。接着，他不再理睬这两人的解释，只是用手指着房门大喊："出去！"

日本舰载机接近珍珠港时，美国雷达已经发现了它们。阴差阳错的是，因事先接到通知将有一批美军 B-17 轰炸机在上午从本土飞来，值班军官没有仔细核对时间便误以为是本国飞机，这一麻痹大意又错过了起飞战斗机拦截的机会。此时美国驱逐舰刚刚击沉了一艘接近港口的不明国籍的微型潜艇，居然也未及时报告。

7 日晚间，美国最高军政要人通过研究破译的密码，知道日本在 8 日对美断交并会采取行动，却认为不一定会出现军事进攻。拖到 8 日早晨，美军才向太平洋上的驻军发出预警，此时珍珠港已经遭遇袭击，日军的炸弹先于他们通告了战争的到来。

日本第一波舰载机飞到瓦胡岛上空时，看到的是整齐排列在码头上的军舰，天空没有一架飞机拦截，地面还在休闲、奏乐。日机按事先分工各自扑向目标，投下炸弹、鱼雷。由于没有防空火力，军舰又静止不动，日机低空攻击的准确性极高，第一批投弹基本都命中了目标。一批日机还袭击了机场，炸毁了多数停在地面的美国战机。

第二波到达的日机攻击却不再顺利，军舰上燃起的烈火使港口上空一片烟雾，一些美军官兵也自发用机枪和高炮对空射击，有些日机被击落。不过日机仍然继续轰炸，直至投光了炸弹、鱼雷才返航，有的飞行军官返航后还强烈要求进行第三波空袭。

南云忠一中将作为特遣舰队指挥，得知袭击战果已深感超出预想，没有让舰载机加油挂弹再去轰炸珍珠港的海军工厂和油库，而是匆忙返航。他此时担心的是，美军不在港内的航空母舰可能在附近发起反击，于是见好就收。

在珍珠港内遭受日机轰炸受损的美舰位置图——红色表示被击沉，黄色表示被击伤（重伤）。

美国航空画家罗伯特·泰勒所作《攻击战舰内华达》。表现当天上午 9 时战列舰"内华达"号中弹搁浅后，日军第二波攻击机群中的 99 式俯冲轰炸机仍对其补充轰炸。

　　此次日军偷袭只付出 29 架飞机被击落，5 艘微型潜艇沉没，共战死 55 人的代价，击毁美军战列舰 8 艘（5 艘沉没、3 艘重伤），飞机 270 架，造成美国 2400 多名军人死亡。纵观世界海战史，此仗是一个战术奇观，在政治上、道义上却是巨大的失败。

　　从国际政治角度看，日本向美国开战本身就是愚蠢行为，不宣而战的偷袭在道义上又失一招。当袭击珍珠港成功的消息传来，山本五十六深知此举会深深激怒美国人，面对部下欢呼庆贺时一脸愁容，并叹息说："我们只是惊醒了一个沉睡的巨人！"

　　当东京城内为偷袭成功呼声沸腾时，两个月前刚辞去首相的近卫文麿也在虎之门华族会馆以黯淡的表情向身边的人说："真是干了件愚蠢的事。这就注定日本必将战败！"

　　在英国伦敦和中国国民政府陪都重庆，得知珍珠港事件导致日美开战（两天后德国也对美国宣战），顿时出现一片欢呼。"天塌下来有长汉子顶着了"——这正是许多人的心情。美国参加对日本、德国的战争，从根本上改变了反法西斯阵营与法西斯阵营的力量对比，日本军国主义成功的偷袭战术倒是在战略上自掘了坟墓。

日本扩张的极限

第四章

太平洋战争爆发时，日本对美英的袭击不仅在珍珠港，同时以40万机动部队实行了「南方攻略战」，仅五个月便占领了菲律宾、泰国、马来亚、新加坡、荷属东印度（战后为印度尼西亚）、缅甸等地，控制了1.5亿人口的地区。

日军半年侵占南洋广阔地区

　　1941 年 12 月太平洋战争爆发时，日本对美英的袭击不仅在珍珠港，同时以 40 万机动部队实行了"南方攻略战"，仅五个月便占领了菲律宾、泰国、马来亚、新加坡、荷属东印度（战后为印度尼西亚）、缅甸，以及西太平洋上关岛、新几内亚岛等地，控制了 1.5 亿人口的地区。当地美、英、中盟军 45 万人部队中被歼 30 万以上，其他狼狈溃逃，可谓丧师失地、狼狈不堪。

　　日军这一"南方攻略战"只投入了陆军 11 个师团 25 万人作战部队，

日本发起太平洋战争后以攻占南洋地区为目标，美国当时的宣传画把日本描绘成一只章鱼要吞食那里。

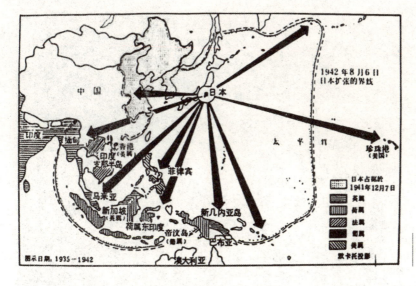

太平洋战争初期形势图。

还有 15 万后勤人员。海军联合舰队则投入了 232 艘战斗舰只，包括 10 艘航空母舰和 700 架作战飞机。日军的损失可谓轻微得令人惊讶——只伤亡 2.1 万人（其中阵亡 6000 人），损失飞机 380 架、驱逐舰 4 艘，没有一艘巡洋舰以上的大舰沉没。美英军一时简直把日军视为"超人"，士气沮丧也成为屡屡战败的原因。

驻菲律宾美军遭全歼，战俘被驱赶"死亡行军"

日本袭击珍珠港后时，还确定了攻占夏威夷西面的美国属地威克岛作为下一个东进的跳板，同时又向英国占领的中国香港发起进攻。这两处的守军兵力单薄又得不到增援，抵抗不久便都向日军投降。其中威克岛守军表现得相对顽强，给登陆的日军舰艇和人员造成一定的损失。

当时美国在远东唯一的殖民地国家是菲律宾，1941 年 12 月 8 日当地天亮时，已在日本偷袭珍珠港之后 10 小时后，美军在菲律宾的克拉克机场早已得到警报，却因平时懈怠而反应迟钝，机场上的战机仍整齐排列，未及起飞就被日机炸毁，从而丧失了制空权。

早已卸任美国参谋长联席会议主席的麦克阿瑟，此时正担任菲律宾殖民政府的国防部长，他马上被恢复了上将军衔并担任美菲联军司令，指挥 10 万部队（其中有 2 万美国官兵）迎敌。12 月下旬，日军 2 个师

1941 年 12 月日军占领香港。

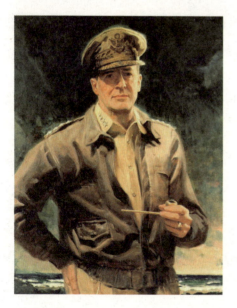

指挥太平洋战区美国陆军的麦克阿瑟的油画，此时他佩戴四颗将星，表明军衔又恢复为陆军上将（他在 1933 年被解除参谋长联席会议主席时军衔已由上将降为少将）。1942 年美国《时代》杂志以标题"菲律宾的麦克阿瑟"说明他困守当地的狼狈，随后他便奉命离开部队，悄然撤到澳大利亚。

团在吕宋岛登陆，麦克阿瑟不战便放弃马尼拉退往巴丹半岛。想依托当地和克雷吉多尔岛的要塞固守待援。

此刻美国太平洋舰队主力在珍珠港损失惨重，无法援救几千公里外的菲律宾，麦克阿瑟期望苏军此时能对日作战也不可能实现，美菲联军消极防御注定要陷入绝境。美国统帅部担心麦克阿瑟成为日军的俘虏，于 3 月 11 日让他乘鱼雷艇离开巴丹要塞，赴澳大利亚就任西南太平洋战区盟军总司令。麦克阿瑟走时向部下说："我一定来援救你们"，可是到 1944 年他打回来时从战俘营中解救出来的"巴丹战士"已剩下不多。

接替麦克阿瑟的温莱特中将上任时便丧失信心，下属斗志则更为低落。1942 年 4 月 9 日，巴丹半岛最高指挥官金将军认为粮食将尽，率 7.5 万名官兵向日军投降。5 月 6 日，克雷吉多尔岛上的温莱特中将也率 1.5 万美菲盟军投降。

美军在菲律宾的表现如此无能，关键原因是他们本来是一支殖民军，没有群众基础。其官兵平时养尊处优，原有任务只是弹压地方，

🖉 画中表现了日本九五式轻型坦克在菲律宾登陆后击毁了美军老式 M2 坦克。九五式只有 7.4 吨重，配备一门 37 毫米炮，性能已属落后，不过在太平洋战争初期仍能在弱敌面前逞凶。

🖉 美国这幅描绘"死亡行军"的油画，表现了日军押解俘虏行军时的野蛮行为。

这幅画表现日军的八九式坦克不敌美军的M2坦克攻击，只好由凶悍的步兵向美国坦克攻击。

一遇凶狠的日军进攻便失魂落魄，9万装备不错的军队竟被兵力只及自己一半的日军俘虏。

美菲军投降后，马上被迫进行了一场"巴丹死亡行军"。日军将战俘押解到100多公里之外的战俘营时，军官还能乘车，士兵仅在出发时给了一个饭团，在烈日下行走又不许喝水，凡想出列找水和食物者当即被日军以刺刀或开枪处决。死在路上的战俘据统计有1.5万人，抵达战俘营后又有2.6万名战俘被日军虐待致死，这4万死者中约有1万美国人。

1941年12月8日，日军向菲律宾的美军基地发起猛烈空袭，美军高炮部队进行了抗击。美国油画中所描绘的高射炮兵还是很顽强的。

战争结束后，美国严厉追究了制造"死亡行军"的罪犯，审判处决了担任侵菲日军最高指挥官的本间雅晴中将。有人揭露，是以日军大本营参谋身份协助指挥的政信中佐下达了杀掉不能行走的战俘的命令。若再深究，许多虐待俘虏的暴行还是日本兵的自发行为，因为这支军队从不遵守国际战争法，也不懂得善待俘虏。日本军人普遍认为，当战俘的人是军队的渣滓和耻辱，理应残酷对待。

法西斯教育的军队是兽性军队，他们在中国暴行累累，在菲律宾制造"死亡行军"也属必然。美军希望投降后得到国际法规定的战俘待遇，实在是与虎谋皮。

山下奉文以"电钻"行动夺取马来亚和新加坡

日本开战后南下想夺取的头号目标，是英国号称"东方直布罗陀"的新加坡要塞。袭击珍珠港的同时，第二十五军由山下奉文中将指挥在马来亚半岛北部登陆。他后来被称为"马来之虎"，几个月前刚到德国参观过机械化兵团作战，此时指挥3个师团——近卫师团、第五师团、第十八师团有6万多人，连同后勤部队和航空兵共12万人，可称日本陆军最精锐的突击力量。

⊘

这幅日本在战时广为发行的彩画，表现的是山下奉文中将面对英将谈条件，看着手表威胁说只能对马上投降的要求说"是"或"不"，否则就要攻城。

⊘

日本陆军进攻南洋时的军装样式，左为南方军的一名大尉，手拿着一顶缴获的澳大利亚军队的英式托尼钢盔，中为一等兵掷弹手，手持一具"三五式"掷弹筒，头戴由帆布蒙着的钢盔，右为陆军航空兵特等别动队成员。

在此之前，英国在远东已感受到日本威胁，将参加击沉德国"俾斯麦"号的排水量3.5万吨的"威尔士亲王"号战列舰调到新加坡，连同战列

表现英国海军"威尔士亲王"号和"却敌"号被日本轰炸机炸沉的油画。

指挥马来亚作战的日军第二十五军司令官山下奉文中将一时被称为"马来之虎",美国《时代》杂志也将此人列为封面人物。

巡洋舰"却敌"号组成远东舰队。1941 年 12 月 8 日,得知日军在马来亚北部登陆后,这 2 艘战列舰在没有空中掩护的情况下由 4 艘驱逐舰护航,前往截击日本运兵船。

12 月 10 日,这 2 艘巨型战舰在海上被日军发现,从越南西贡起飞的上百架日机蜂拥而至。英舰上高炮齐发,却挡不住密集的空中攻击,两小时内"威尔士亲王"号和"却敌"号都被炸沉。这次飞机攻舰战在世界海战史上有着重要意义,宣告了大舰敌不过飞机,没有飞机掩护的舰队在航空兵攻击下就难以存活。

英国远东舰队的主力舰沉没,时人称马来半岛"守军士气也随之跌入海底"。登陆的山下奉文实施的快速攻击方式模仿德国又有创新,是以 300 多辆九七式中型坦克和九五式轻型坦克为先锋,日本兵骑

着自行车跟随前进。马来半岛多是椰树和橡胶林，公路不多，山下奉文遇到防线便人从旁边"钻"过去，因而称为"电钻"战术。这支"自行车兵团"在 55 天内边打边追，推进了 1100 公里。

在新加坡被俘的英国、澳大利亚战俘大都被日本押去修建称为"死亡铁路"的泰缅铁路，有大批死亡，著名电影《桂河桥》反映的便是这一史实。图为电影《桂河桥》剧照。

防守马来半岛的英联邦军多达 14 万人，却属"大杂烩"。其中英国人近 4 万人，还有 2 万澳大利亚人，其余是印度部队和当地人组成的义勇军。这些军队过去主要用于控制殖民地，没战斗经验，武器又差，遇到日军攻击便节节败逃。

1942 年 1 月末，英联邦军退到新加坡，虽还有 10 万多人，却已溃不成军。1.85 万澳大利亚官兵中有 8000 名以上当了逃兵，不少乘小船通过马六甲海峡逃向苏门答腊。印度兵更无斗志，一些人听信日本操纵的"印度独立联盟"的煽动，在阵前主动投敌。

2 月 7 日，日军强渡柔佛海峡登上新加坡海岸，发现印澳部队已逃散。此时日军兵力不多，远途行军又非常疲劳，弹药也未运到多少，攻击已感困难。山下奉文却面对来洽降的英国守军司令官帕西巴尔虚张声势，威胁说要马上攻城。英将受此恫吓马上答应，2 月 15 日新加坡这个英殖民地的"狮子城"不战而降。

日本占领新加坡后，宣布将其作为本国领土并改名"昭南市"。日军还对当地支援过国内抗战的华侨进行搜捕，分批押到海边处决，后来估计有2万人遇害。战后审判山下奉文并判处其绞刑，一条重要罪行便是主持了新加坡大屠杀。

日军得到了新加坡这一南洋中心据点后，随即南下荷属东印度、西进缅甸和印度洋。当地也成为联合舰队以及潜艇部队在南方的主要基地，直至战败投降。

侵占缅甸的日军切断中国的国际交通线

太平洋战争开始前，日本已同暹罗（泰国）勾结，开战后立即派兵进入泰境，该国亲日派政府与之订约成为仆从（流亡到美国的部分上层却否认这一条约，战后美国也不认为泰国是日本的盟国）。1942年1月日军占领马来亚后，又以4个师团10余万人进攻缅甸，一路从泰国通过山路西进，一部在缅甸南部登陆。

　　远东英军主力此时覆没于新加坡，在缅甸只有 4 万军队，才被迫请中国增援。1941 年 12 月太平洋战争刚爆发时，中国为维护西南仅剩的国际交通线已提议出兵，英方却不愿让别国染指自己的殖民地，错过了最好时机。1942 年 2 月 16 日，中国远征军以国内唯一的摩托化部队第五军为先锋入缅，缅甸南部的英军却已后逃。中国军队先锋未达仰光，这个国际交通线终端口岸便于 3 月 8 日失守。

　　美英军在太平洋战争之初表现无能，此前与日军抗衡了四年的中国自然提升了国际地位，蒋介石经美英推举就任了中印缅战区总司令。他错误地估计日军入缅不过 2 个师团，对美国夸口能独立防守缅甸。其实仰光失守使保卫国际交通线的目标已丧失。英军又要中方掩护其撤退，这决定中国远征军入缅便骑虎难下。

　　对匆匆入缅的这支中国劲旅，战区总司令蒋介石、美国派来的参谋长史迪威以及英军司令亚历山大又相互争夺指挥权。正如谚语所说："厨师多了烧坏汤"，三头指挥造成了部署混乱，其空隙甚多酿成随后的悲剧。

　　中国远征军入缅后首战东吁，顿挫日军第五十五师团锋芒，接着又在仁安羌为英军一个师解围。中国第五、第六军在前方激战时，侧后警戒的第六十六军却疏忽大意，未发现穿越泰缅丛林山路向北迂回的日军第五十六师团。4 月 28 日，从泰国北部清迈北进的日军突然从密林中钻出，突袭占领缅甸东北重镇腊戍，切断了中国远征军同国内唯一的公路联系。第六十六军溃不成军，滇西纵深内又无预备队，日军一个联队四天内穷追 300 公里，想夺取云南保

这幅画表现出日军于 1942 年春进攻缅甸时，当地英军沮丧无斗志，纷纷后逃，而让中国远征军担负掩护任务。

美国派到中国战区担任参谋长的史迪威中将赴缅甸参与指挥，与蒋介石发生尖锐矛盾。全军败退时，他徒步随西撤的中国部队穿越险恶山林走到印度。

日本画家加藤贵所绘题为《争夺惠通桥之战》的油画，在1943年出版的《兴亚之光》图册中刊印。历史真实情况与画中所绘并不相符，日军并非是乘汽车向桥驶去，而是以便衣队袭击夺取未遂。

山的惠通桥而直下昆明。混在上万难民中的日军便衣队接近桥头时，守卫宪兵发现敌情果断炸桥。随后内地援兵赶到，才将日军挡在怒江以西。

被截断了回国道路的中国远征军此时意见不一，各部队分道扬镳。听从史迪威命令的师长孙立人、廖耀湘率自己的部队撤入印度。听从蒋介石归国命令的杜聿明率主力进入缅北野人山，在无食物的瘴疬之地几乎陷入绝境。远征军战斗伤亡不过1万多人，退入丛林丧生于病饿或兽虫的竟达5万人，回国或退入印度的仅剩4万人。后来杜聿明在回忆中懊悔说，下令北退绕道回国是最大的错误。

从当时形势看，日军只有一个轻装师团迂回中国远征军后方，有大量装甲车辆的第五军如向其勇猛冲击很可能打通回国之路，至少能以己方牺牲换取敌人重大伤亡，肯定会比丢弃装备和让多数官兵白白葬身野人山好得多。此时远征军不敢硬冲，恰恰是指挥者过去的恐日症未消除。

日本在三个月的时间内占领缅甸，只付出4000人作战伤亡（其中阵亡1400人）的代价，便击溃有14万人的中、英军队。日军能轻易获胜，除利用了对手的矛盾和指挥混乱，还在于掌握了制空权，其部队战前有严格的丛林战训练，擅长在热带雨林地带穿插迂回。中国和英国军队却很不适应缅甸地形，战前日本又支持缅甸国内反对英国殖民政府、希望独立的一些人士如缅甸历史上著名的民族运动领导人昂山等还站到日军

滇缅公路被切断后，美国为支援中国战场，调来几百架 C-46、C-47 运输机实施了"驼峰空运"，这时当时美方宣传此举的油画。

一边。英军受当地人敌视，援助英军的中国远征军也受当地许多民众白眼，部队入缅时发现军用电话线常被切断，找向导都困难，最后败退时如此凄惨也与民情不利有关。

世界上的民族运动经常会出现复杂走向，有时也会被侵略者利用，1942 年缅甸之战便是一个例证。不过日本占领缅甸后没有真正让其独立，搜刮之严酷还超过英国殖民当局。缅甸人感到受了蒙骗，反英独立运动便向抗日运动转化。

太平洋战争爆发前，中国从国外输入物资的主要交通线是通过仰光到昆明的滇缅公路（从新疆到苏联的交通线运量小，在苏德战争爆发后又中断），日军占领缅甸等于斩断中国的外援交通线。美国为支援中国战场，从 1942 年末起开辟了一条从印度东部飞赴昆明的空中运输线，即有名的"驼峰航线"。美国派驻中国战区的史迪威上将还在印度训练中国新军，积极准备反攻缅甸。

日本控制南洋油田，以为"大东亚共荣圈"成真

日本对美英开战后，最注重完整地夺取荷属东印度的油田，认为掌握了这一资源便能基本保障国内战争机器运转。

　　1942 年 1 月，日军登陆菲律宾后又以第十六军司令官今村均中将指挥进攻东印度群岛，第一个目标是有油田的婆罗洲。2 月间，日军大本营将刚攻占香港和马尼拉作战的第三十八和第四十八师团划归第十六军，向苏门答腊展开进攻。

　　此时荷兰已被纳粹德国占领，政府流亡伦敦，守卫东印度群岛的主要是其殖民地军队，兵力为 6.5 万人，又有临时调来的 1.6 万美澳军。荷印军下级军官和士兵多为印尼当地人，与中上级荷兰军官存在深刻矛盾，且装备训练极差。增援当地的美澳军，又是刚从菲律宾撤下来的败军，士气也很低落。

　　盟国将保卫东印度群岛的希望寄托于海军，为此组成了一支由美国、英国、澳大利亚、荷兰的 6 艘巡洋舰、27 艘驱逐舰、16 艘潜艇组成的舰队，荷兰人康拉德·赫尔弗里中将负责指挥这支联合舰队。各国海军系临时拼凑，指挥不灵，此时日军又占领新加坡等地机场掌握了制空权，从而注定在海战中能占优势。

　　1942 年 2 月 13 日，盟军得知日本运输舰队向爪哇驶来，以联合舰队前往迎击，翌日清晨却遭到大批日机攻击，返航中又遭轰炸，出师便受挫。2 月 28 日夜间，盟军舰队以 2 艘重巡洋舰、3 艘轻巡洋舰和 9 艘驱逐舰再度出动，想在爪哇东部的泗水海面拦击日军由 2 艘重巡洋舰、2 艘轻巡洋舰和 14 艘驱逐舰掩护的登陆舰队。尽管双方实力相当，日方却有飞机侦察，各舰配合良好，还拥有新式远程鱼雷。盟军各舰协同很差，有些舰只情况不明还闯入己方水雷区被炸沉。结果在夜间混战中日军发挥水兵夜战训练水平高和鱼雷射程远的长处，击沉盟军 4 艘巡洋舰和 6 艘驱逐舰，自己仅沉没一艘扫雷艇，一艘商船。盟军舰队的旗舰、荷兰的"德鲁伊特尔"号轻巡洋舰也中了鱼雷，带着舰队司令沉入海底。

这次海战史上有名的"泗水海战"，使保卫东印度群岛的盟军舰队被日军击溃。3 月 1 日，日军在爪哇登陆，荷军中的当地士兵纷纷逃散，1.4 万荷兰籍官兵缴械就俘。3 月 12 日，荷兰总督正式向日军投降，这个被荷兰统治了 300 年殖民地国家又落入了日本之手。

进攻荷属东印度群岛时，日本最担心石油设备遭受破坏，首次使用了新建的伞兵部队。1940 年德国空降兵在闪击西欧首次投入实战并显示出巨大威力，日本马上向其提出协助建设伞兵的请求。1941 年秋，日军由德国教官指导，在其海军和陆军中各建立一个伞兵旅。不过因组建仓促，伞兵事故频发。前来帮助训练的德国专家评价日军空降兵是世界上"战术技术最糟糕的空降部队"。

1942 年一二月间，日本海军进攻婆罗洲时为了配合抢夺油田，空降了海军和陆军的伞兵各一个大队。两次空降作战都组织得十分混乱，伞兵伤亡达 1/3，在地面部队登陆配合下，日本伞兵才夺取了油田。

日本占领荷属东印度群岛后，表面上允许印度尼西亚独立，将过去荷兰殖民者囚禁的苏加诺等民族运动领导人释放出来，支持当地的伊斯兰教会。实际上日本军政府控制了印度尼西亚的一切，不仅劫走大量物

日本海军"空挺"部队。（左）

日本海军空降兵。（右）

这幅画表现的是日军在婆罗洲空降陆军伞兵以配合夺取油田。（下）

资，而且强征了 30 万劳工到境外服苦役，非人的恶劣条件导致劳工死亡大半。多数印尼人通过切身体会，逐步认识到日本同样是殖民主义者，当地华侨还掀起了抗日武装暴动。

从 1941 年 12 月至 1942 年 5 月，是日本侵略扩张最顺利的时期，盛产石油、橡胶的南洋大片土地迅速落入日军之手。美英军队（包括其指挥的澳军、荷军）和入缅的中国远征军一败涂地，重要原因是美英政府长期对日本采取"绥靖政策"而缺乏备战，驻当地的军队多属殖民地部队素质低下，又没有民众基础，自然难以有效抵抗掌握了海空优势又有丰富作战经验的日军。

日军对南洋作战得手如此容易，使战前忧心忡忡的天皇也兴奋起来。据当时担任内大臣的木户幸一记载，天皇裕仁听到攻占新加坡、菲律宾、缅甸等处一个个"捷报"时特别高兴，笑着对他说："胜利确实来得太快了！"

此前反对同美国开战的一些日本军官，一时也有了自信，纷纷说："以前是不是自己在吓唬自己，这英美鬼畜好像也没有什么可怕嘛。"在他们看来，美国人只能生产点可口可乐之类和嚼口香糖，根本不能打仗。日本政府还设立了"大东亚省"管理新殖民地，并认为建立"大东亚共荣圈"的目标基本已实现。

对美国潜在实力有清楚认识的日本高层人物，面对这些"赫赫战果"却仍然感到忧虑。一直反对向美国开战的卸任首相近卫文麿屡次在上层中表示："现在的情形不过是战争中的表面现象而已，战败是不可避免的。"

指挥日本海军南下的联合舰队司令官山本五十六也有同感，不过他已如同赌徒般的押上日本的国运，骑上了虎背就只有心存侥幸地继续向前闯。山本五十六起初认为日本袭击珍珠港得手后只能维持一年的优势，何况美国太平洋舰队的航空母舰还完整，从大西洋舰队又能调舰增援。因而必须尽快消灭美国太平洋舰队的剩余舰只，促使其国内斗志沮丧。山本五十六并设想，届时有可能让美国承认日本控制南洋，日军则撤出刚占领的美国属地作为交换，以达到"速战速和"。

✎ 日本入侵南洋起初得手后，大肆宣扬要建立"大东亚共荣圈"，这幅宣传画便以少年形象表现亚洲各国人跟随日本。在日本少年（前左二）右边的二人在胸前分别挂着伪满洲国和汪伪政府的旗帜。

这些心态已扭曲的赌徒应该想到，一个有强壮身躯的巨人被一个体弱的矮子在背后偷打了一棒，不把对手打倒岂能善罢甘休？

杜立特"东京上空30秒"的轰炸打乱日本战略全局

日本发动对外侵略战争后，一直宣称能保证本土平安，对华和对俄战争时也确实做到。当年中国无力打击其本土，只在 1938 年以飞机夜航九州上空撒过一次传单。日本对美国开战后仅 5 个月，帝国的首都却遭到了报复性轰炸。

美国太平洋舰队在珍珠港遭遇袭击时，3 艘航空母舰却保存下来，从大西洋又迅速调来 1 艘（当时美国共有现役航母 7 艘）。1941 年 12 月 21 日，罗斯福在白宫的会议上指示，应尽快组织对日本实施报复性轰炸。

当时美国最前方基地珍珠港距离东京近 5000 公里，超过任何轰炸机的作战半径，只有航空母舰的舰载机能实施攻击。搞过航母偷袭的日本人自然担心别国如法炮制，在距东海岸的 600~700 公里外已布置了对空警戒船只巡逻圈，并利用从德国引进的技术在海边建立了可探测 200 公里的防空雷达。此时美国航空母舰的舰载机飞行半径不过 500 公里，

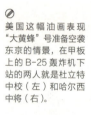

美国这幅油画表现"大黄蜂"号准备空袭东京的情景，在甲板上的 B-25 轰炸机下站的两人就是杜立特中校（左）和哈尔西中将（右）。

日本警戒船如发现美军航母靠近，本土的战斗机马上能起飞拦截，还能以轰炸机攻击来袭航母。

有创意的美国军人却没有按常理出牌，退役又归队的空军中校杜立特提出了一个奇思妙想：让陆军航空兵装备的航程超过2100公里的B-25轰炸机从航空母舰起飞，从日本警戒船范围外奔袭东京等城。由于航空母舰上只有200多米的甲板不够这种陆基轰炸机的降落长度，它们轰炸后将直飞中国浙江的机场降落。

杜立特带领B-25的飞行员经过练习，具备了在航母上起飞的水平。4月1日，"大黄蜂"号航母载着16架B-25轰炸机从旧金山起航，"企业"号航母满载战斗机护卫，还有3艘重巡洋舰、1艘轻巡洋舰、8艘驱逐舰护航。按计划编队距日本东海岸900公里时让飞机起飞，每机以总重1吨的4枚炸弹突袭东京等城。

4月18日清晨7时，美国机动舰队驶至距日本本土1200公里处，被巡逻船"日东丸"23号发现。美舰虽开炮将其击沉，仍听到它已发出电波报警。杜立特临时决定提前10小时起飞，中午12时便有16架B-25轰炸机以低空飞行躲过刚装配好的日本雷达侦察，进入本州上空。杜立特亲率10架飞机攻击了东京，另有2架攻击横滨，其余4架分别攻击名古屋、大阪和神户。

美机凌空时，东京没有发出防空预报，市民们看到头顶的B-25还以为是本国飞机，听到爆炸声才惊慌乱跑。由于日军已紧急起飞战斗机

✎
表现杜立特所率的B-25飞抵东京上空开始向工业区投弹的油画。

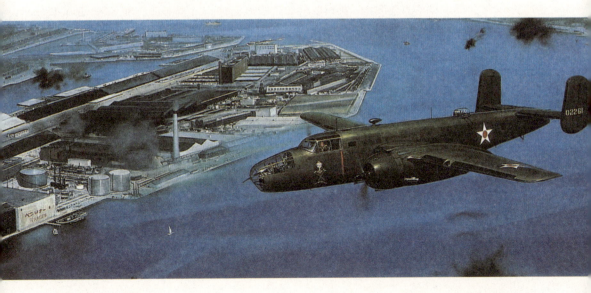

美国著名油画《攻击东京》，表现了B-25轰炸机从只有200多米长的"大黄蜂"号航母上起飞的场面，远处的航母是担负护航的"企业"号。

这幅彩画表现了日本军人发现美机出现在东京上空的惊慌表情，匆忙间只能用机枪对空射击。

并以高炮射击，美机以东京工业区为目标投下炸弹便迅速飞离，在城市上空只有30秒。

突袭日本的美机没有一架被击落，却由于提前起飞，燃料已不足以飞往原定的浙江衢州机场，加上到达中国时已是夜间，15架飞机只好弃机跳伞，有1架飞机飞到苏联远东机场降落。

这次"东京上空30秒"的空袭只炸坏90幢房屋，日本声称死亡共50人。尽管损失轻微，此举对天皇和下属军民形成的心理打击却极为沉重，他们刚被胜利所陶醉便迅速出现危机感。以前日本号称是不会遭受打击的"神国"，此时又在庆祝南洋"大捷"，炸弹却扔到了东京。日本高层为消除对本土的威胁，又展开了中途岛之战，自己的好运就此便走到头，接着又败绩连连。

第五章

美国庞大军工压倒日本

日本向美国开战，相当一个还没多少家底的暴发户向财大气粗的老富翁叫号比宝。过去只关心买车、购房的美国人被偷袭打上门来的日本人彻底激怒，一向文雅的罗斯福总统在讲坛上都骂出了粗话——「婊子养的日本鬼子！」

东洋矮子被美国巨人的产能所震惊

日本向美国开战，相当一个还没多少家底的暴发户向财大气粗的老富翁叫号比宝。过去只关心买车、购房的美国人被偷袭打上门来的日本

人彻底激怒，一向文雅的罗斯福总统在讲坛上都骂出了粗话——"婊子养的日本鬼子！"长期内部松散、意见不一的国家，顿时形成了一致对外，罗斯福"记住珍珠港"的名言成为了全美的共同口号。美国这架可怕的战争机器被日本发动了起来，占全世界40%以上工业生产能力的企业全面转入军工。福特、卡迪拉克公司转产坦克，波音公司全面转产战机，摩托罗拉全面转产军用步话机……东洋三

岛上的三菱、三井、松下等企业的生产能力此时还根本不能与之比肩。经济实力一旦转化为军事实力，美国在军事上就很快对日本占有压倒优势。

"世界工厂"显现出最强的炼钢、造船和坦克、汽车生产能力

现代战争都是以经济力量和科技水平作为支撑。美国工业产值在1880年便超过英国居于世界第一位，科技水平也引领新潮，如铁甲舰、电报、电话、飞机、汽车等都是美国人首创。只是因北美大洲有特殊安全环境，美国军费长期不算多，却有民用转军用的巨大潜力。

经济和科技实力转化为军力，需要良好的组织能力和一定的时间。美国社会看似散漫，却有很强的管理能力。珍珠港事件后，美国的人力、物力马上动员起来。只是因过去长期和平主义观念严重，这一动员耗费了较长时间。1942年内，美军还不能向太平洋战场和欧洲战场投入太多的战舰、飞机，直至1943年以后其强大的战争机器才全面开动起来。

战争开始后，美国的宣传画的标题便是"你的工作意味着胜利"，把整个国民经济与战争联系到一起。

太平洋战争开始后美国马上向日本、德国宣战，当时题为"他们离你越来越近"的宣传画，突出日德对本国的威胁，从而催促加紧生产。

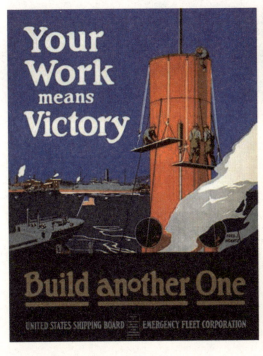

战争开始前，美国实行自由市场经济模式，不过"罗斯福新政"时已掺入一些政府管理因素。太平洋战争爆发后，美国仍然依靠私营企业生产，却建立了"战时生产管理局"这一最高组织机构，在保障利润的前提下让国内多数工厂都转产军品或军民两用产品，经济危机时闲置的许多生产线和船坞马上变得一片繁忙。

美国的战场在海外，制造舰船成为第一位任务。战前美国造船业萎缩至年产货轮不到 100 万吨。战争爆发后各船厂加紧建造且不求奢华只求实用，原先建造一艘万吨货轮需半年工期，凯泽造船厂在 1942 年内却将建造速度缩短到不到 3 个月。该厂的新生产方式是将预制件进行流

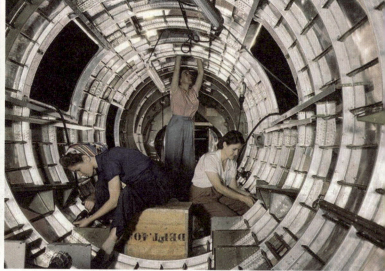

✐ 二战期间美国妇女大量参加军工生产。

水线生产，再送到船厂总装车间，由数千铆工不分昼夜轮班将预制部件铆在一起。美国各船厂马上推广这一经验，1943 年 10 月创造了"罗伯特·皮尔里"号万吨轮仅 4 天 15 个小时就建成下水的纪录，此时船身油漆都没干，这一纪录直至今日都未被打破过。

战时美国生产的多数运输船称为"自由"轮，定位是以最低成本创造最大载货量。在 3 年多时间里，美国 18 个造船厂建造了 2751 艘"自由"轮，最快平均 7 天下水一艘，再完成舾装和试航也不过 40 天便交船。1943 年秋季，美国最高月造船吨位达 130 万吨，年造船量超过 1500 万吨，超过德、意、日三国造船量总和的十几倍。这种"自由"轮成为运送军

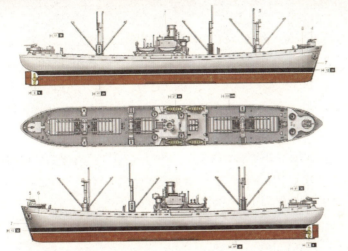

战时美国建造的"自由轮",成为其巨大工业生产能力的重要标志,结构简单、实用和标准化生产是其主要特点。此为该船的三视图。

"自由轮"担负向前线运输物资的任务,在船的首尾安装有防空机关炮。因美军已经掌握了制空权,船上的机关炮对付零星出现的日机还可胜任。

美军在太平洋诸岛登陆作战时,"自由轮"成为主要的物资输送队,通常是在敌岸炮射程之外的海域上,向登陆艇下载物资供其输送上岸。

战后几十年间,当年生产的上千艘"自由轮"早已被拆解,如今在美国港口中只留下两艘作为纪念物。

队和物资的主力,也是二次大战中美国工业实力的一种象征。

拥有了巨大的造船能力,美国在弥补海运损失的前提下还能大量扩充海军。因德国、日本的海上攻击,战时美国船舶损失约 1000 万吨,补充量却达 5600 万吨,因而在保持 3000 万吨民用船舶、1300 万吨海军舰艇后,还以租借方式将大量船舶提供给英国、苏联等盟国。

日本对美开战后近四年间,造船总吨位只有 397 万吨,却沉没 883 万吨,加上战前原有 560 万吨和战争初期掠夺的 60 万吨,战争结束前只剩 110 万吨船。这些船只又因磨损和无油料而大多不能开动,海运量萎缩到战前的十分之一以下。

在大量生产舰船、军用车辆的需求刺激下,美国钢铁工业在战时也得到迅速发展，战前十年前的钢产量总徘徊在每年5000万吨上下，战时一举跃升到年产8000万吨。日本钢产量最多不过765万吨。从下表的对比来看，就可知道美国工业生产对日本形成的极大优势。

美日两国在战争期间的钢、船舶产量对比

年份	美国	日本
1942年	7804万吨钢、船800万吨	701万吨钢、船66万吨
1943年	8059万吨钢、船1930万吨	765万吨钢、船106万吨
1944年	8132万吨钢、船1800万吨	672万吨钢、船173万吨
1945年	7230万吨钢、船1000万吨	196万吨钢、船51万吨

机械化陆战的基础，又是机动车辆。20世纪20年代时美国便号称"汽车之国"，生产了全球三分之二以上的汽车，如1929年经济危机前汽车年产量曾超过500万辆。太平洋战争爆发后，美国基本停产民用车，三年多时间里生产了10万辆坦克、238万辆军用卡车和63万辆吉普车。其中福特、通用生产的"大道奇"卡车性能风靡世界，成为美军、英军乃至苏军最重要的陆路运输工具。美军行动全部实现了机械化、摩托化（只有少数山地部队配备骡马），还向苏联、英国提供了100余万辆汽车。

在第二次世界大战中，人称"有美军就有吉普"。美国兵对它的溢美之词是："它能做任何事情，去任何地方，像狗一样忠实，像骡子一样强壮，像山羊一样灵活。"吉普的标准载重只有250公斤，车身轻、

大量生产的吉普车，成为美军战时运动时最好的助手，当时的宣传画也突出这一点。

吉普车因其重量轻，便于空运，在战场上往往是"飞机降到哪里吉普便马上出现在哪里"，保障美军的机动能力远高于当时世界上任何一支军队。

越野性好，在太平洋诸岛粗糙的珊瑚礁地面仍能狂奔。

相比之下，太平洋战争期间日本总共只生产了各种汽车 16 万辆，其中多数还不适合军用，最好的"日产"九四式汽车越野能力也同美国车差一个档次。日本陆军中，只有 3 个师团（第一、第二、第五师团）是全部乘汽车的摩托化部队，其余的动力还主要靠骡马。

美国是最早发明飞机的国家，战前民用航空业便十分发达。战争期间，美国利用原有航空企业生产军机，大量汽车厂也转产飞机，平均年产 10 万架飞机。这一数量超过苏、德、日三国的总和，而且其所产飞机中有三分之一是大型飞机，其他国家所产的飞机则绝大多数是轻型战斗机甚至包括木制飞机。例如美国生产了 9.78 万架多引擎轰炸机（双发或四发），日本只生产了 1.5 万架双发轰炸机，双方飞机在产量、总载荷上和质量上的差别都非常悬殊。

了解这些战争基础，便会明白日本只能力求速战速决，若持久对抗必然陷入绝境。

日本在太平洋战争中将飞机生产当成"超重点主义"的第一位，动员女工也来加入航空工厂，却仍远不能与美国抗衡。

美国主要靠民间集资打仗，日本却耗尽官民所有

打现代化战争，很大程度又是在打钱，战争机器是靠金钱堆砌起来的。二次大战之前美国政府税收不多，采取了藏富于社会的方式。除了金融大亨外，一个庞大的中产阶级也有巨额资产。太平洋战争开始后，富民政策和经济实力迅速转化为战斗潜力。

二次大战期间美国的国民收入和军费开支（单位：美元）

年份	1939	1940	1941	1942	1943	1944	1945
国民收入	905亿	997亿	1245亿	1579亿	1916亿	2101亿	2131亿
军费	12亿	22亿	138亿	494亿	797亿	874亿	762亿
比例	1.3%	3.1%	11.5%	31.2%	41.6%	42%	35.6%

这幅高举星条旗的战争债券出售宣传画，在太平洋战争期间风靡全美，动员人们将爱国与买国债结合起来。

　　从上表可看出，太平洋战争前美国的军费开支在国民收入中占的比例真是微乎其微，国会多数议员和民众是"不想强军只想享乐"。太平洋战争爆发后，美国军费开支很快提升到世界第一位，相当于德国的3倍和日本的9倍，却因经济总量巨大仍可承受。

　　近四年的太平洋战争期间，美国政府财政支出总计3176亿美元，付出战费2815亿美元。若是全靠政府的财政打仗就要花掉90%的钱，其他建设和行政工作都不可能维持。战时美国政府工作运转正常，国内建设还有了大发展，美元币值也大致稳定，诀窍便在于充分动员了民间财力。

太平洋战争开始后，美国政府为稳定经济没有大幅增税，增加战费的重要方法是发行国家公债。因美国有雄厚经济实力和良好的还债信用，战时财政部出售了七种债券，最有名的便是"胜利公债"。当时全国对日本同仇敌忾，钱袋子最丰厚的犹太人又对德国纳粹咬牙切齿，购买十分踊跃，四年间售出公债达 1569 亿美元。据统计购买大户是银行、保险公司和企业，个人购买债券也达 360 亿美元，连孩子也购买了超过 10 亿美元的小额债券。

如此算来，美国二次大战的巨大军费中，竟有 60% 是靠民间公债解决，政府的财政支出只负担 40%，等于是国民掏一大半的钱支持政府打仗。

民间解决了大部分军费，官方就能把一半多的财政收入用于发展经济，四年间国民总产值由 970 亿美元增至 2096 亿美元（扣除物价因素也增长 80%）。有了这一经济基础，战后不久政府又连本带利偿还了公债。战时美国物价也基本稳定，只有除了开战之初的 1942 年出现了幅度达 20% 的通货膨胀，就此美元也成为全球最坚挺的国际货币。

日本同美国开战后，马上显现出野心大而实力不足。1937 年日本政府的财政收支折合 47 亿日元（当时的汇率 3 日元折合 1 美元），同年因开始全面侵华战争便花费了 33 亿日元军费，靠动员民众储蓄和买公

日本经不起长期战争的消耗，在 1943 年以后便日益感到人力不足，这幅杂志照片便表现了征召"少年兵"的情景。

这幅日本战时杂志的封面照片，出现了穿着"军属"（日文"军属"指的是军队职工和文职人员）服装的日本年轻妇女。当年日本出于男性绝对统治地位，不允许女性成为正式军官和士兵，却因人力缺乏还是征用了不少女性"军属"。

债勉强支撑了经济正常运转。不过那时日本老百姓生活并不富裕，拿出的积蓄有限。随着战争长期化，政府财政连年入不敷出，从下表中便可显示出来：

战争期间日本的国民收入与军费开支（单位：日元）						
年份	1939	1940	1941	1942	1943	1944
国民收入	330亿	394亿	449亿	543亿	638亿	745亿
军费	65亿	79亿	125亿	188亿	298亿	735亿
比例	19.7%	20%	28%	34.8%	46.7%	98.5%

从上表可以看出，1944 年日本军费达到了国民收入的 98.5%，从字面统计看等于把全国的收入都拿来打仗，若真是如此，政府官员和老百姓都只能喝西北风了！进入 1945 年，日本政府军费支出预算超过 800 亿日元，已多于国民总产值 1 倍。事实上，任何政府都不可能付出这么大比例的军费开支，因为毕竟国内还要维持军工和最低限度的生活，解决的办法只能靠举债或滥发钞票。

战争后期，日本民众普遍生活困苦，剩余的积蓄还要用于到黑市采购紧缺物资，政府发售的公债几乎无人再认购。于是，日本当局除在占领区大肆掠夺，又采取通货膨胀解决财政支出，如 1944 年国内通货膨

这是一张 1942 年日本发行的 10 日元的"大东亚战争"国债券（此时普通工人的月工资只有 50 日元左右），此时其国民已近乎财尽，出售量很有限，加上日元随后大幅贬值，这些债券后来与废纸相差无几。

胀率已达 125% 以上，在占领区更是发行毫无信用的"军用票"。战时日本职工工资又处于冻结状态，1944 年的购买力只相当于三年前的 40%。

进入 1945 年，日本通货膨胀率更急剧增长，更严重的问题是民众拿钱也买不到东西，生活用品的配给又严重不足，过去人称"金票"的日元一再狂贬。日本投降后，美国占领军规定的汇率是 300 日元兑换 1 美元，贬值到战前的 1/100，政府却只能按原币值归还公债，多数日本人一时几乎都成为赤贫，深尝到侵略战争的苦果。

第二次世界大战的进程，充分显示了富国、富民的重大战略意义。美国靠雄厚的社会积蓄越打越强，日本穷兵黩武越打越弱，战争的结局从美国一张张公债券上也可以显示出来。

美国的人力资源保障了对日军的兵员数量优势

扩编军队进行战争，人力动员又极为重要。30 年代末美国有 1.3 亿人口，国民文化素质和体质大多较好。1940 年末，美国变此前的招募兵员为征兵。太平洋战争爆发半个月后，1941 年 12 月 22 日美国国会通过了新的《选征兵役法》，规定所有 20 至 44 岁的男子必须应征入伍（后因兵员够用而将最高年龄降至 38 岁）。不过为保证工业生产，美国政

太平洋战争开始后，美国在全国马上张贴征兵广告，要求人们服兵役。

一幅气势宏大的参军动员画，表现了各行业的人们都能汇集到军队的行列中，由于美军主要进行人员损失不大的海空战，战争中伤亡较少，征兵遇到的抵触情绪也不大。

府对技术工人规定了"职业缓征条例"，最后有 640 万人因健康问题在征兵体检时被淘汰，有 500 万技术工人免征，先后应征者为 1300 万人（战时有 100 多万人因伤亡病减员）。这些人都是年龄合适、身体健康者，尤其是一线作战人员都是 20—30 岁之间的身强力壮者。

✎
第二次世界大战期间美国首次大规模动员妇女参军，为此发行了不少宣传画。

战时美国还动员了 30 万以上的女性入伍，作为军队"辅助人员"，即担负护士、文秘和机关管理等工作。按规定这些女性不参加第一线战斗，却在二线和后方发挥了不小作用，并促进了社会上女权运动的发展。

美国军队数量在珍珠港事件后迅速增长，通过下表可充分显示出来：

1941 年：150 万人；

1942 年：385.8 万人；

1943 年：904.4 万人；

1944 年：1145.1 万人；

1945 年：1212.3 万人。

其中全军女兵达 33.3 万人。

美军的陆军、海军陆战队的编制以师为基本单位，在战时共编成步兵师 68 个、装甲师 16 个、空降师 5 个、海军陆战队师 6 个。

在二次大战期间，美军数量最多时占到人口的 9%、男性的 18%，却并未影响经济生产，其主要原因是国内农业已实现机械化，工业自动化水平高，还保留了专业技术强的男性工人免征。过去美国妇女结婚后主要从事家务，战时有 1000 多万妇女走出家庭参加工业生产，政府又

放宽过去对拉丁美洲人入境打工的限制而涌来数百万外来劳工(主要从事农业劳动或到工厂做粗杂工),这样不仅弥补了男性入伍的空缺,工人总数还大大超过战前。

据日本战前统计,本土总人口为 7500 万人,再把朝鲜人、中国台湾人相加号称"1 亿国民"。不过战时日军主要用朝鲜人、中国台湾人充当劳工和附属人员,真正能服役的几乎还是本土的"大和民族"。日本农业生产主要靠手工劳动,工业自动化水平也低,生产同量的工业品和粮食所需劳动力是美国的几倍,这又需要大量人手。日本人力资源虽不算少,战争后却感到兵源不足,主要原因是对关键性岗位的技术人员不能征用,战场上损失也越来越大。

1941 年末太平洋战争开始时,日军总数为 240 万人,1943 年增加到 380 万人。此时因技术工人要保留,兵员便感不足,开始强征年纪仅 17 岁的中学生。1945 年初,日本为"本土决战"进行总动员,征兵年限从 16—45 岁,身高要求降到 1.46 米。1945 年春天日军总数达到 716 万人,陆军扩充至 169 个师团,却充斥着少年、大龄及身体不合格者。

进行机械化战争不仅需要兵员的数量,更需要官兵较高的文化和科学素质。了解美国的日本将领曾感叹:"当我们的士兵还大都在农田抡锄头的时候,美国男孩儿已经在摆弄他们爸爸的汽车了。"战前日本人口中还有三分之二生活在主要靠手工劳作的农村,美国不论城乡都已是机器作业,美军士兵入伍前基本人人会开车,也擅长维修机械设备。在

进行技术密集型的海空战时，生长在机械环境中的美军士兵便形成了对
日军士兵的天然技术优势。

经济基础最终决定了美日两国的民心士气

　　日本发动对美战争时自认物质基础差，想依靠军人信奉"武士道"
和民众"勤劳奉仕"这种世界独一无二的疯狂精神取胜。历史却证明，
精神煽动在短期内确能驱动人做出违反常规的狂热之举，从长远看还是
物质力量起决定作用。太平洋战争共进行了三年八个月，美国民心士气
始终高昂，日本军民的意志却从亢奋走向沮丧，正是由两国的经济实力
所决定。

　　从 1942 年起，美国为优先保障军需，对轮胎、汽油、食糖、咖啡、
天然气实行配给，翌年又对衣服、鞋限量购买。不过其国内粮食在战时
一再增产，消费品的产量还能满足居民正常需求，例如每人每天还能供
应煮一杯量的咖啡。除政府配给的食品，美国人还能到农贸市场购物，

在第二次世界大战期
间，美国是参战各大
国中唯一出现了农业
大增产的国家，这幅
战时油画便表现了大
丰收的场面。

这幅美国宣传画带有
自豪的情绪，表现了
农业丰产有力保障了
军队作战。

FIGHTERS ON THE FARM

人称参战各国中只有美国的餐桌未受影响。

战争期间美国农业有了大发展，关键是原来的生产条件好，战时需求增长又刺激了农户的生产积极性，1945 年的农业产值比战前高出 20%，并以机械动力彻底代替了畜力。战时美国粮肉自给有余，还向英国、苏联提供了大量农产品。1944 年有 400 多万美军出征海外，据统计消费了 10 亿瓶可口可乐。美军尽管顾忌牺牲，作战谨慎，战场形势绝望时还允许官兵投降，不过从总体看军民的战斗意志一直还比较高。

战争初期的日本人大多拥护政府的扩张政策，并非是因其国民天性好战，而是以往的甲午战争、日俄战争都有不少掠夺品，提升了国力并改善了民众生活。发动侵华战争和太平洋战争时，日本众多民众也认为对外"开拓"能解决自己的经济困难并开创美好前景。

日本发动全面侵华战争后，虽强调"以战养战"即就地掠夺，却因中国军民的抵抗尤其是中共领导的游击战破坏了日军后方，作战消耗已大于掠夺所得。侵华战争又使日本出口大受影响，1938 年贸易额下降了四分之一，这对依赖外来资源的经济自然形成打击。按后来日本经济界计算，1938 年日本产值达到了太平洋战争前的顶峰，随之便逐年下降。同年 4 月 28 日，日本政府以发布《国民精神总动员基本方针》为开端，开始实施消费品配给。从 1939 至 1941 年，日本进一步压缩民用，集中财力发展军工，当时强调的"非常时期国民生活方式"对居民特别提出几点要求：

禁止人们相互送礼；

禁止举行私务宴会；

禁止穿奢华服装，提倡节俭的"国民服"；

禁止乱浪费，提倡国民将余钱用于储蓄。

从表面统计看，1939 年以后日本军工业和重工业产量还在增长，却是以压缩民用品生产为代价。1941 年末日本对居民每日配给的主食大米、大麦只有 330 克，靠薯类等杂粮补充才避免挨饿。当时多数国民寄希望于夺取南洋广大富庶区，还能暂时忍耐生活困难。

日军攻下新加坡后，政府一度向居民表示慰劳增加了配给，随后又强调"节俭奉公"实行压缩。除了不许随便吃肉，政府又以节省燃料为名不许在家内洗澡（日本人有每天沐浴的习惯）而只许到澡堂泡大池子。警察还到各户搜罗金属，每家只许留一口锅和一个铁桶。

日本当局以法西斯手段勒紧老百姓裤腰带，民间怨声载道便压倒了欢呼之声。其后方军民虽在广播中听到"赫赫战功"，看到的却是"战殁通知书"和归来伤兵越来越多，日子越来越苦。1943 年和 1944 年居民每日口粮配给降至 300 克，1945 年又降低 20%，杂粮也难搞到，普通日本人就此尝到饥饿滋味，军队的供应也越来越差。

到了战争后期，日军因受传统的神道教和《战阵训》中不许当俘虏的要求束缚，大多数人还至死不愿当俘虏，作战精神却已经很差，战场上一触即溃的现象已非常普遍。

太平洋战争期间美国有几种标准的军用口粮，这是野战时的便携式，可看出品种齐全、营养丰富。日军在二次大战时发给士兵的饭盒是标准的野战用餐配备，里面用于盛米放水煮饭。看到过美国野战口粮的日本兵，都感叹自己的饭盒与之简直无法相比。

可口可乐在美国号称"饮料文化的象征",这幅画中的美军就用可乐逗驻地小孩儿,以显示本国的生活优越。

太平洋战争后期,美军所到之处,巧克力、可口可乐、口香糖和野战饭盒都成为官兵随身不离的几件受用物。外表吊儿郎当的美国大兵,所到之处总是嚼着巧克力和口香糖,高兴时还向周围儿童撒发。美军进驻日本后,当地人看到这一情景也大都羡慕不已,并从内心咒骂军部头目当初对美开战太愚蠢。过去日军经理学校(即后勤学校)教材上强调一条原理——"补给就是士气",这一条在自己的军队和国民身上也果然应验。

中途岛、瓜岛的转折

第六章

日本对美英开战时非常注重军事情报，对欧美的社会人文心理却缺乏研究。明治维新后的日本强调『西化』，主要只限于学习科技和管理制度。尤其是那些崇拜『武士道』狂妄的陆军军官在战前对美国的理解仅限于好莱坞电影，认为那是个一盘散沙而没有集体精神的国家。

中途岛、瓜岛两仗扭转了太平洋战场形势

日本对美英开战时非常注重军事情报，对欧美的社会人文心理却缺乏研究。明治维新后的日本强调"西化"，主要只限于学习科技和管理制度。尤其是那些崇拜"武士道"狂妄的陆军军官在战前对美国的理解仅限于好莱坞电影，认为那是个一盘散沙而没有集体精神的国家。日本海军比陆军的眼界开阔一些，认为美国先进却也停留在观察工业能力方面。当过近三年日本驻美国大使馆海军武官的山本五十六就说过，他参观过美军舰队，感到其技术水平虽高，水兵却嘻嘻哈哈不讲纪律，战斗意志不强。他们没有料到，美国人遭偷袭珍珠港被激怒后也会有强烈的战斗意志，这些与经济实力和高科技相结合就会产生可怕的报复力量。

珍珠港遭到袭击后美国的宣传动员画，显示全民都愤怒地要痛打日本。

东京被炸后日军决定进攻中途岛，却又分兵珊瑚海

1942 年 4 月 18 日，美机偷袭轰炸了东京，联合舰队司令长官山本五十六马上向天皇谢罪，保证再不会发生此类事件。在山本看来，消除美国对日本的空袭威胁的关键是攻占中途岛、夏威夷这些中太平洋的美军基地，并消灭其航母。

此时，南云忠一指挥的以 4 艘主力航母为核心的机动队正在印度洋攻击英国属地锡兰（今斯里兰卡），想消灭那里的英军舰队，并掩护日军进攻缅甸。山本五十六为进攻中途岛，将其从万里之外召回本土。不过日军对新几内亚东南的莫尔兹比港的进攻仍未停止，因为山本认为这

一行动会轻易完成，参战的航母随后也能调来参加中途岛之战。

5月7至8日，美国以2艘航母为核心舰队在珊瑚海拦截日军以3艘航母为核心向莫尔兹比港进攻的舰队，双方在200海里距离上出动舰载机群展开激战。日本轻型航空母舰"祥凤"号被击沉，新型的"翔鹤"号航空母舰被两颗炸弹击中失去作战能力，美国的"列克星敦"号航母被日机投下的鱼雷击沉。

此次珊瑚海之战，是战争史上航空母舰编队在目视距离之外的远距离以舰载机首次交锋，虽然双方损失基本相当，美军却粉碎了对方的登陆计划，这成为日本海军在太平洋战争中第一次遭受的挫折。

分出2艘新锐航母、1艘轻型航母进行珊瑚海之战，是山本五十六的一大失策。早在4月28日，他在刚服役的旗舰"大和"号战列舰上制订的计划，是以海军主力倾巢而出，全力进攻中途岛以歼灭美国太平洋舰队剩余舰只。为实现这一计划，本应集中参加过奇袭珍珠港的6艘航母，日军却在临战前分兵。在珊瑚海作战中，日军沉没了"祥凤"号轻型航母还无关大局，海军中性能最好的航母"翔鹤"号受重创需修理，"瑞鹤"号舰载机损耗大也要回去补充，当时能有效远航作战的6艘航母中只剩下4艘参加中途岛作战并充当了核心力量。

珊瑚海之战中美军的损失也不小，"列克星敦"号在此役沉没，太

这幅表现珊瑚海之战的油画，表现的是一架美军"毁灭者"鱼雷轰炸机向日军"祥凤"号轻型航母投放鱼雷后升空的一瞬。此战标志着海军舰队之间以舰炮相互射击为主的时代结束，飞机攻舰成为海战新样式。

平洋战区只剩下"企业"号、"大黄蜂"号和"约克城"号这3艘航空母舰成为海战的核心力量。此时遭遇珍珠港袭击刚刚半年，太平洋舰队的战列舰或沉或伤，一时还缺乏新舰补充，航母数量也少于日军。不过，美国却掌握着电信侦察的优势，掌握信息的能力远高于对手。在太平洋战争爆发前，美国已破译了日本外交密码，开战后又能译出部分军事密码。美国还出动了众多潜艇在日本舰队航道上展开了广泛侦察，对其进攻中途岛的行动事先能及时报警。

鉴于珍珠港遇袭时的太平洋舰队司令金梅尔疏忽失职，罗斯福委任尼米兹接替此职，并对他说："到珍珠港去收拾败局，然后留在那里，直到战争胜利。"尼米兹到任后率舰队一直战斗到打败日本，被美国人认为是太平洋战争的头号功臣。他到任后便充满胜利信心，在后来的回忆录中对此的解释是——"毫无疑问，决定性的因素是美国了解日本的计划"。

我明彼暗，这一信息优势所起的作用在中途岛海战中便充分显示出来。

4艘航母沉没于中途岛，日本海军的矛尖被斩断

山本五十六为完成进攻中途岛的计划，投入了日本海军7艘战列舰、8艘航空母舰（其中4艘是轻型）、20艘巡洋舰、60艘驱逐舰。美军参加此战的舰只，只有3艘航空母舰、8艘巡洋舰、14艘驱逐舰。双方舰载机性能相近，日本飞行员却多是空战老手，美国飞行员大都没有经历

这幅画表现的场面是——中途岛海战刚开始时，9架美国陆军B－17型"空中堡垒"轰炸机便在日军舰队上方出现，由于轰炸准确性太差，炸弹都丢在大海里，不过这一空中攻击使日军的注意力集中于中途岛，未能及时发现隐蔽在附近的美国航母编队。

过实战考验。

美国在战场上有利于日本的主要条件，是中途岛上的机场有陆基飞机120架参战，能吸引日本舰队的主要注意力。

为了分散美军的力量，日军进攻中途岛的同时又向美国靠近北极圈的阿留申群岛发动引诱性进攻，为此投入了2艘轻型航母。已经了解日军计划的美军对此不理睬，集中3艘航母在中途岛附近设伏。相反，日军对美军行动方向并不清楚，山本五十六一厢情愿地想"诱敌出战"，却因信息不灵被对手诱入圈套。

1942年6月4日早晨，曾指挥袭击珍珠港的南云忠一中将率领"赤城"、"加贺"、"苍龙"、"飞龙"这4艘日本精锐航空母舰向中途岛发起空袭，岛上美军以高炮迎击，同时起飞战机实施反击，却被老练的日本飞行员将其大批击落。由于想轰炸摧毁岛上的美军基地，日本航母上的舰载机挂上了炸弹，此刻"利根"号巡洋舰上起飞的水上侦察机突然发现其东北200海里有一支美国舰队。南云忠一马上下令飞机换上鱼雷去攻击，因时间紧迫，卸下的炸弹匆忙被堆在甲板上。

日本轰炸机还未起飞，一批美国鱼雷轰炸机便来攻击航母编队，50

✎ 描绘美国SBD"无畏"式俯冲轰炸机炸毁日军"赤城"号航空母舰的一瞬间，与此同时"加贺"、"飞龙"也被炸弹击中引发大爆炸，研究美日战史的人大都认为这一瞬间的攻击从此扭转了太平洋战争的战局。

架"零式"起飞将其击落大半。正当这些战斗机向航母甲板降落准备加油时，云层中突然又钻出54架从美国"企业"号和"约克城"号航母上起飞的俯冲轰炸机，在日本高炮未来得及反应时便开始投弹。落到航母甲板上的炸弹正好引爆了日军的鱼雷和炸弹，"赤城"、"加贺"、"苍龙"这3艘日本航母几乎同时发生大爆炸，变成了燃烧的火球，不久相继沉没。

残存的"飞龙"号航母奉命报复，起飞了轰炸机跟踪返航的美机，找到了"约克城"号航母，投弹将其炸成重伤（第二天清晨日军潜艇将这艘已丧失动力的航母击沉）。大批美机马上集中攻击这艘日军仅剩的航母，该舰因战斗机已大都损失难以防卫，至天黑前终于被炸沉。

过去有一种看法，认为日本几百名精英级的舰载机飞行员大都随航

这幅油画表现的是"大黄蜂"号航母上起飞的VT-8中队飞行员驾驶着老旧的鱼雷攻击机以无畏精神近距离冲向日本舰队。当时15架鱼雷机投弹时全被击落,飞行员除一人事后获救外全部牺牲,他们虽未成功,却吸引了3艘日本航母上起飞的全部零式战斗机,以至于对接近头顶的美军俯冲轰炸机毫无察觉。

母沉入海底,战后美军通过对日本幸存指挥官的审讯却否定了这一点。南云忠一下令弃舰时,优先将空勤人员转移到巡洋舰、驱逐舰上,最终只损失了100余名飞行员。保存下来的日本熟练飞行员,后来在瓜岛及其附近的空战中消耗殆尽。

进攻中途岛时,山本五十六坐镇刚服役的"大和"号上,得知参战的3艘航母被炸起火后惊得呆若木鸡。接着,他下令战列舰编队和阿留申方向的舰队向中途岛集中,想用巨舰大炮火力摧毁该岛。随后山本冷静下来,想到日机在珍珠港如何对付美国战列舰,美机同样会这样对付失去空中掩护的日本战列舰。南云忠一又误报美军有4艘航母(其实只剩2艘),山本认为再打下去损失更惨,只好下令撤退。日本大本营为稳定人心,返航时还在码头上举行仪式"祝凯旋"。

一支竭力掩饰失败的军队,肯定无法很好总结教训,必然要吃更大败仗。中途岛之战,是日本海军建立后的第一次大败,随后又因不肯正视失利并以吹嘘来粉饰败绩,只能再遭受一次次惨败而走向覆没。

现代战争尤其是海空交锋在很大程度上是科技的竞赛,日军在中途

岛拥有数量优势却遭惨败，重要原因是美国舰队安装了雷达，能及时掌握来袭日机的数量和方位。日军舰队却没有雷达，观察敌机全靠目测，这也是遭受有云层掩护的美机突袭的原因。科学水平也是战斗力，这在中途岛之战中也充分体现出来。

在中途岛海战中，日本有 4 艘精锐的航空母舰沉没，阵亡了 3500 名海军人员，而美军仅损失了 1 艘航母、1 艘驱逐舰并阵亡 307 人。这一仗极大振奋了美军士气，无论在战略上还是在精神面貌上都被视为太平洋战争的一个转折点。

美国海军陆战队登陆瓜岛，迈出反攻第一步

中途岛惨败后，日军统帅部仍不肯正视双方力量对比的变化，想以拉包尔为基地进攻南太平洋诸岛。日军计划先在瓜达尔卡纳尔岛修建航空基地，掩护对新几内亚岛的莫尔兹比港的进攻，然后切断美国同盟国

美国海军陆战第一师
在瓜岛首次以实战演
练两栖登陆战术，雄
厚的技术设备保障了
上岸成功，并为后来
的攻岛积累了经验。

澳大利亚的海上联系。此刻受到中途岛大捷鼓舞的美军，也准备向日占岛屿反攻，双方便在一个过去人所不知的瓜达尔卡纳尔岛发生了太平洋战争中交锋时间最长的激战。

早在 1942 年 1 月，日军便进占了所罗门群岛的重镇拉包尔，随后将这个港口和附近机场建设成南太平洋最重要的海空基地。5 月间，日军经过勘察认为其南边的瓜达尔卡纳尔岛虽然多山多丛林，却有一片冲积平原地势平坦更适合建机场。从 6 月至 7 月间，日军派出 2000 多名工兵登上这个热带岛修建机场。

此时美军太平洋战区司令尼米兹和西南太平洋战区司令麦克阿瑟就反攻问题发生了激烈争论，也称"海军与陆军之争"。麦克阿瑟雄心勃勃地要求组织登陆作战，一举攻占拉包尔。尼米兹则认为日军在拉包尔已形成了坚固防御，还随时能得到包括 4 艘航母在内的联合舰队的支援，而美军此时在太平洋上只有 3 艘航母，因而主张先在所罗门群岛南部登陆建立机场再逐步推进。这一方案被美国决策层采纳，海军随之派出新组建的陆战第一师到瓜岛登陆。

8月7日，美军在瓜岛登陆，随即直扑向机场。此刻仍保持着骄妄之气的日军没想到对手会反攻，派到岛上施工的日本工兵和朝鲜劳工武器很少，突遭进攻便慌忙逃入丛林，美军轻易占领了基本完工的机场。美陆战第一师1.7万人上岸后，在机场外围构筑了防御工事，接着以航空兵进驻，将其称为"亨德森机场"。

后来几个月内，这个亨德森机场成为美日两军争夺的焦点，因为控制了这个机场就等于掌握了周围几百公里的制空权。

得知美军在瓜岛登陆，8月9日晚间日本海军中将三川军一率领7艘巡洋舰、1艘驱逐舰驶近瓜岛附近的海峡实施反击。美国和澳大利亚联合舰队派出6艘巡洋舰、4艘驱逐舰拦截。由于日军水兵有长于夜战的优势，美澳水兵缺乏夜间训练，舰上刚安装的雷达又未能有效使用，

美军登上瓜岛夺取日军在建的机场并迅速完工，称为"亨德森机场"。从画上可看出其部分跑道系用钢板铺成，这是时间仓促难以铺设水泥时采取的应急措施。

在瓜岛上美军建成的机场成为支撑全岛作战的命脉，因而日军全力想将其摧毁。这幅画右边便出现了炮击后的飞机残骸，不过机场始终能坚持使用。

这幅画表现了美军约翰·巴斯隆中士指挥的一个机枪班保卫瓜岛上隆加桥的一片防区。他操作的是当时标准的勃朗宁 M1917A1 式 3 英寸（0.76 毫米）口径水冷式重机枪，还需要下面的水箱供水，这种机枪因使用不便在翌年也被淘汰。

在炮战中美军有 4 艘重巡洋舰被击沉，日军只有 1 艘轻巡洋舰在返航时被美军潜艇击沉。

此战在史书上称为第一次所罗门海战，这是日军在太平洋战争中最后的一次大规模海战胜利。不过三川舰队没有轰击瓜岛滩头上美军堆积如山的物资，吓跑了美军运输船队便迅速返航，其原因就是怕天亮后遭受美机攻击。随后，日舰天黑后经常驶入瓜岛附近实施炮击，后半夜又撤走，美军将这种定期炮击称为"东京特快"。不过日军没有夜视器材，不准确的远距离炮击对岛上未造成多大损失。

日本大本营得知三川舰队夜战获胜，马上命令陆军夺回该岛。此时日军又犯了狂妄自大、轻率用兵的传统毛病，认为岛上美军数目只不过 2000 余人，连续派出兵力不多的部队上岸并发起进攻，犯了逐步"添油"的兵家大忌。

8 月 18 日夜间，一木清直大佐率领先头部队 1000 人分乘 6 艘驱逐舰，在瓜岛的亨德森机场以东约 30 公里处登陆。由于当地没有港口，日军又没有使用专门的登陆舰，只能从军舰上换乘小舢板上岸，因而无法运上重武器。

一木清直在日军中是有名的骄狂人物，当初在卢沟桥指挥下属大队首先对华发起进攻的正是此人。他所率部队称为"一木支队"下南洋后总是充当先锋，此次登上瓜岛后没有了解敌情，便于 8 月 21 日凌晨率领只带机枪、步枪和掷弹筒的队伍向泰纳鲁河口的美军阵地发起进攻，想一举夺下机场。

出乎一木清直意料的是，他的攻击撞上强大的火网，部下伤亡惨重。美军还派一个营绕到日军背后实施夹击，一木支队的残余人员只好向海边溃退。美军又以轻型坦克追来，靠双腿逃避的这股日军全部覆没，一木清直也死于履带下。

战斗结束时，美军医护人员曾试图救治日军伤员，却发现有的日本伤兵拉响手雷与接近的美军同归于尽。于是，美军下令对日军伤员不予

瓜岛上美军所用的服装和武器标准像——M1 式"瓦罐"钢盔已取代了过去"洗脸盆"式钢盔。左面的美军一线战斗兵仍手持旧式"1903 式斯普林菲尔德"步枪，至翌年 M1 伽兰德半自动步枪才在全军取代了它。右边的美军士兵手持 M1897 战壕枪，这种防暴枪在近战中非常有效。后面的美军工兵因非一线战斗员，手持一支威力较小的半自动的 M1 卡宾枪（弹夹有15 发子弹）。

1942 年瓜岛作战时美军海军陆战队员的装具——虽然依然在使用 M1903 步枪，却有良好的饮食、医疗用品配备，在自然条件恶劣的山林中明显比对手占有优势。

瓜岛特鲁纳河战斗中奋勇杀入敌阵的 M2轻型坦克。

救治，对倒地者都用坦克碾压。此战美军阵亡35人，伤75人，日军在战场上留下的尸体却达800余具，"武士道"的疯狂毕竟挡不住钢铁力量。

此战的前一天，瓜岛机场上起飞的美国F-4战斗机已成功击退了零式战斗机的进攻，使其损失惨重再不敢大举来犯。这次空战不仅打破了"零式无敌"的神话，美军还掌握了战场制空权，从而决定了瓜岛之战的结局。

美军在海战中终于获胜，瓜岛成为日军的"饿岛"

日本陆军进攻南洋首次失利于瓜岛，大本营仍受"进攻第一"、"皇军没有撤退"的思想支配，马上调集3艘航空母舰、3艘战列舰、8艘巡洋舰前往，陆军川口旅团6000余人也奉派登岛。此时美国海军的大批新舰还在建造船台上，便从原有舰只中调来3艘航空母舰、2艘战列舰，再利用瓜岛上亨德森机场这个"不沉的航空母舰"以准备决战。

8月下旬，日本舰只接近瓜岛时连遭美国航母和亨德森机场上起飞的战机打击，从澳大利亚机场起飞的美军B-17重型轰炸机也来助战。日军损失了1艘轻型航母"龙骧"号和几艘驱逐舰，只好以驱逐舰在夜间运送川口旅团登陆。这支登陆日军又重犯轻敌冒进的毛病，在敌情不明的情况下于9月12日向亨德森机场发起进攻。3000多名日军冲到一

瓜岛上有亨德森机场这个"不沉的航空母舰"决定了战局，这幅画表现了飞行员返航时往往受到岛上美军官兵的感谢。

处山岭前，遇到美军密集炮火拦截，接着又受飞机、坦克攻击，大多数日本兵血肉横飞，这个山岭后来被称为"血岭"。

日军大本营得知再败恼羞成怒，将国内三个装备最好的师团之一的第二师团派往瓜岛，占领中国香港后又转战菲律宾的第三十八师团也随之调去。日军向岛上增兵近3万人，却缺少相应运输物资能力，反而造成了供应困难。

瓜岛作战时日军的装束——左为一等兵机枪手，扛一挺九九式轻机枪；中为手持三八式步枪的二等兵，军衔佩在左胸前；右面披着棕榈树叶的狙击手拿着九五式狙击枪（用麻布包裹以伪装）。

当时日军向瓜岛运兵的最大困难，是亨德森机场起飞的美机一再攻击其运输船，将其一部分炸沉在途中。有些船靠夜间抢滩搁浅，人员只能带随身武器上岸，留在船内的物资到第二天日出后又被美机连同船体一同炸掉。气急败坏的日军舰队于10月11日夜间闯进瓜岛附近，此次美军舰队的雷达引导舰炮在黑暗中实施准确射击，看不清对手的日本舰

美军中有"双头魔鬼"之称的P-38战斗机投入瓜岛空战时，也能有效击败日军的零式战斗机，从而从空中阻断了日军向瓜岛的运输。

所罗门群岛附近的圣
克鲁斯海战中，美军
的"南达科他"号战
列舰在此战中击落日
机 26 架。

只中弹累累仓皇败退。

　　10 月 23 日至 24 日，日军 3 艘航空母舰同美军 3 艘航空母舰又进行
了舰载机交锋，结果日本航母全部受伤回港维修，美国也付出"大黄蜂"
号沉没和"企业"号负伤回港的代价。双方航母都不能出战后，日本又
派出 4 艘战列舰，准备以舰炮摧毁亨德森机场。

　　11 月 12 日至 14 日，美日双方的战列舰进行了大海战。由于美军夜
间有雷达指示目标，舰炮准确击中了日本"金刚"级战列舰"比叡"、"雾
岛"的要害，这两艘最老牌的 3 万吨级战列舰沉入海底，日军大型舰编
队再也不敢接近瓜岛。

　　从 8 月至 11 月间，美日双方总共在瓜岛附近进行了六次海战，双
方损失驱逐舰以上的舰只吨位分别为 12 万吨和 13 万吨。美军沉没航空
母舰 2 艘、巡洋舰 8 艘、驱逐舰 14 艘，在海上阵亡约 3300 人、伤 2500
人。日本沉没航空母舰 1 艘、战列舰 2 艘、巡洋舰 5 艘、驱逐舰 11 艘

和潜艇6艘，在海上伤亡2.5万人。日军在海上损失人员多，主要是因1.2万登陆部队随船沉入海底。

美军掌握了海空优势权，决定了瓜岛上陆战的命运。从11月底开始，瓜岛上的日军只能靠驱逐舰在夜间向海边投浮筒、胶皮米袋得到少量补给，热带丛林病又在队伍中流行，多数士兵饿病交加。据在岛上督战的日本统帅部高级参谋、号称"军神"的辻政信记录士兵的状态是：

能站者——可活30天；

能坐者——可活20天；

躺着小便者——可活3天；

不能说话者——可活2天；

不能眨眼者——凌晨即死。

此时瓜岛上的美军却没有出击，重要原因是久战疲惫的海军陆战第一师多数官兵也受热带病困扰，由海军陆战第二师和陆军第二十五师对其进行了替换。美军地面部队系首次参战，对日军还缺乏了解，不大敢穿越丛林主动发起进攻，在瓜岛上只是固守阵地，这就错过了全歼已几乎丧失战斗力之敌的机会。

进入1943年1月后，日本大本营感到已没有运力再接济瓜岛上的守军，只好以夜间偷运的方式将残存者撤回。因美军夜间海上封锁不严，

瓜岛战役期间日本所绘的"皇军英勇奋战图"，其画面虽吹嘘其官兵勇猛却也表现出装备的落后。

美国的"华盛顿"号是北卡罗来纳级战列舰的第二艘，于1941年刚刚服役，在瓜岛之战它用雷达瞄准击沉了日军"雾岛"号战列舰，显示了技术性能远胜于对手。

日军驱逐舰、登陆舰分几次靠岸，接运回衰弱不堪的日军，据称多数人是靠背、抬才能上舰。当时还有几百名躺在沙滩上既走不动也抬不了的伤病号，日军对他们每人发一枚手雷让其放在肚子上实行"爆炸剖腹"。日军撤走后，美军才发现对面敌人消失。

据日军统计，先后登上瓜岛的日军为3.6万人，最后撤回1.2万人，不过此前也有少量伤员先运回，总计在岛上死亡2.1万人左右。如果加上随后入院死亡者以及在瓜岛周围的损失，日军在瓜岛之战的总死伤数在5万人左右。

美军除了在瓜岛附近的海战中伤亡5800人之外，陆战中仅阵亡1592人，负伤4200余人。虽然美军先后上岛的6万人中也有大量患病，却因医疗条件好能将绝大多数人及时治愈。纵观瓜岛陆战，可以说良好的供应使首次参战的美军大大提升了战斗力，缺乏供应又使凶悍老练的日军衰落到几乎不能作战的地步。

现代战争在很大程度上是打后勤，这一点在瓜岛之战中就充分显现出来。日军强调武士道精神，担任作战的军官才便于提升，"经理军官"（后勤军官）因历来受到轻视而导致军人多不愿意从事这一职业，结果在重视程度、力量配备方面都远不及美军，美日两军瓜岛的胜败也就由此注定。

日本统帅部战略指导的狂妄冒进，继中途岛大败后又在瓜达尔卡纳尔岛彻底丧失了对美军的战役攻击能力。日军被迫撤退时东条英机为挽回面子，要求新闻报道只能用"转进"一词，随后日本人发现一个个"转进"倒是越来越接近本土。

第七章

美、日武器对比

太平洋战争中起决定意义的战斗是海战，现代海战又离不开制空权。美军取得绝对海空优势，各岛屿上的日军便成了瓮中之鳖，日本列岛也会任由封锁和攻击。东洋军阀深知这一点，战时军工生产实行『重点主义』，优先发展舰艇和飞机。

美军对日军武器优势越拉越大

太平洋战争中起决定意义的战斗是海战,现代海战又离不开制空权。美军取得绝对海空优势,各岛屿上的日军便成了瓮中之鳖,日本列岛也会任由封锁和攻击。东洋军阀深知这一点,战时军工生产实行"重点主义",优先发展舰艇和飞机。不过美国在舰、机数量和性能上日益压倒日本,陆军装备的优势则更大。穷兵黩武的日本在武器上同美国比拼,搞得民穷财尽也扭转不了败局。

日本军工生产缺乏后劲,在战时无法同美国竞赛

近现代的美国和日本发展道路不同,导致军备思路不同。以商业资本主义为特征的美国注重以经济手段在海外赢利,二次大战前只保持少量常备军,研制的新武器大都作为技术储备而很少生产。日本是以武力

掠夺起家的资本主义国家，战前和平时期军费开支比例长期居世界列强之首，是"小船拉大炮"的思路。

把主要财力用于发展武器的国家，靠对外掠夺才能维持。日本从明治维新起把"富国强兵"作为三大国策之一，却长期突出"强兵"而忽视富国。其国内纵然一时搞出些新式武器，军事力量的长远发展却难以有后劲。

日本挑起太平洋战争时，因美国海军有一半在大西洋防范德国，英国海军主力更是为德、意牵制，太平洋上的日美海军实力便基本相当。日军偷袭珍珠港又使美军太平洋主力舰损失大半，再加上日本官兵又有狂热精神，太平洋战争初期一度占有了优势。不过当战争转入持久后，日本工业规模和技术水平落后的弱点就暴露出来。1942年中途岛惨败后，日本实行"超重点主义"，压缩陆战武器生产以保障舰艇、飞机制造，同美国仍无法竞赛。下表便可充分说明这一点

✎ 日本将飞机生产当成战时头号重点，出版的杂志封面也突出这一点。

1941—1945年美、日主要战斗舰艇产量对比

	美国	日本
航空母舰（艘）*	142	15
战列舰（艘）	10	2
巡洋舰（艘）	48	9
驱逐舰（艘）	355	63
潜艇（艘）	203	147

* 含护航航空母舰数。

以上数字还只说明数量，在质量、吨位上美军舰艇又普遍居优势。太平洋战争中美军新入役舰艇大大多于损失，日本在1942年夏天之后却是新建舰艇日益弥补不了损失。至战争结束时，日本海军剩下舰艇不足30万吨，还大都因无油或受伤停在港内无法开动。此时美国海军战

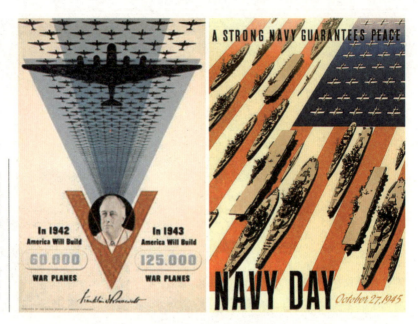

太平洋战争开始后不久，美国总统罗斯福便公开宣布了飞机增产目标，即将由 1942 年的 6 万架增至 1943 年的 12.5 万架。

战争结束时美国"海军日"的宣传画，显示出自己独一无二的世界超强的舰只规模。

斗舰艇却达 500 万吨（还有支援舰艇 800 万吨），其中有正规航空母舰 27 艘、护航航母 110 艘、战列舰 18 艘、巡洋舰 48 艘、驱逐舰和护航驱逐舰 850 艘、潜艇 202 艘。面对这样一支世界史上规模最大的海军力量，作为岛国又丧失了海战力量的日本只有面对宰割。

在机械化战场上，天空的主宰是飞机，地面的主力是坦克，这些装备的生产全靠国家工业化的实力。太平洋战争爆发前日军作战飞机一度还多于美军，开战后美国工业全面转产军品，很快便形成压倒优势，从下表便可看出双方的差距。

美、日两国在战争期间的飞机、坦克产量对比		
	美国	日本
1942年	4.8万架飞机、2.3万辆坦克	1万架飞机、1300辆坦克
1943年	8.5万架飞机、2.9万辆坦克	2万架飞机、800辆坦克
1944年	9.6万架飞机、3万辆坦克	2.6万架飞机、300辆坦克
1945年	4.9万架飞机、2.1万辆坦克	5800架飞机、坦克生产停止
总计	26万架飞机、10.3万辆坦克	6.4万架飞机、2500辆坦克

1918年11月，让900万人丧命于战场的第一次世界大战以德国撤退而结束，随后却留下了第二次世界大战的隐患。

铁血西线

TIEXUE EAST LINE

徐焰 著

美国生□□□□□□□□□□□□□德国作战，日本也有部分飞机、坦克□□□□□□□□□□□□□□因而上页表仍能表明美国具有压倒□□□□□□□

表现日军轰炸机飞行员的绘画，其机上设备和射击方式远落后于美军。

战时日军因实现集中力量生产飞机、舰船，对战车等陆战兵器的投入不多，如1944年日本参照德国技术资料制造出来的四式坦克样车的质量已接近当时的世界先进水平，却无力批量生产。

太平洋战□□

太平洋战□□□□□□□□□□□□□□□地位，开端正是日本以航母偷袭珍珠□□□□□□□□□□□又在马来半岛北炸沉2艘英国战列舰，"海上战事空中解决"就此成为现代战争的一项规律。

美国在世界上最早实现了舰船起降飞机，却长期认为舰载机适用于侦察却难以对付大舰。日本却对飞机上舰这一新事物大感兴趣，在1923年就建成世界上第一艘专门设计的航母"凤翔"号。后来日本海军内部"航空派"与"舰炮派"形成激烈争论，由"赤城"号航母舰长和海军

航空部长出身的山本五十六担任联合舰队司令长官后，发展航母成为重点。太平洋战争开始时，日本有 10 艘航母，美国航母只建成 7 艘（其中 3 艘在太平洋舰队，2 艘在本土，2 艘用于大西洋）。

珍珠港事件后，美国把原有航母中的 6 艘陆续调来对日作战，至 1942 年末有 4 艘沉没，1 艘需要修理，只剩下"企业"号在瓜岛附近支撑。美海军在此"青黄不接"时曾想向英国借航母，不过此时日本航母也损失惨重而无力反扑。

日本开战时的航母中吨位最大的是"赤城"号，该舰由"天城"级战列巡洋舰改建，1925 年 4 月下水，1927 年 3 月完工，1938 年又进行了一次大改装。其标准排水量 4.13 万吨，航速 31.2 节，舰载机可达 91 架。偷袭珍珠港和中途岛作战时，"赤城"是机动部队的旗舰。中途岛海战中，该舰被炸燃起大火丧失动力却迟迟未沉，山本五十六因怕美军将其拖走，下令驱逐舰发射鱼雷把它击沉。

"翔鹤"号和"瑞鹤"号两艘为同级，标准排水量为 2.6 万吨，可载机 84 架，是日军开战时性能最先进的航母。两舰于 1937 年秋开工，1941 年 9 月服役后便参加了偷袭珍珠港。中途岛惨败之后，这两艘航母成为日本海军主力。1944 年 6 月，"翔鹤"号在马里亚纳海战中被美军潜艇击沉，此战负伤并丧失了舰载机的"瑞鹤"号在同年 10 月莱特湾

这是描绘日本航母"凤翔"号的油画。美国在世界上最早试验由船上起降飞机，英国以改造旧舰方式最早建成航空母舰，日本却在 1923 年抢先建成世界上第一艘专门设计的航母"凤翔"号，标准排水量 7800 吨。太平洋战争时它已不适合于远洋作战，主要用于训练，战争结束时成为唯一幸存的能够开动的航母。

大海战被美机炸沉。

中途岛海战后，日本把正建造的"大和"级战列舰的第三艘"信浓"号改为航母，同时加快"大凤"号的进度，还马上启动 5 艘"云龙"级航母的建造，并用其他轮船改造成 10 艘航母。由于日本舰船建造能力有限，非专门设计而临时改造成的航母大都航速慢，飞机甲板也短，难以参加海战而主要用于护航。

1944 年春天建成的排水量 3.4 万吨的"大凤"号航母，曾被日军寄予厚望。该舰却工艺粗糙，损管系统不健全，6 月间海战中被美国潜艇一枚鱼雷击中引发爆炸而沉没。同年 11 月，刚建成为航母的"信浓"号在夜间试航时又被美国潜艇击沉。那些临时改装成的航母在战斗中更是不堪一击，如排水量 1.7 万吨"云龙"级航母在 1944 年建成了 3 艘，因日军已没有舰载机而不能使用，结果不是被潜艇击沉就是遭飞机炸毁。

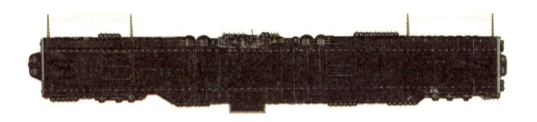

✎
美国在太平洋战争时大
批量制造的航空母舰
是"埃塞克斯"级,建
造速度快,单价也只有
3000万美元。该级舰
一直服役到70年代才
全部退役。

总计日本在太平洋战争中建造或改装成 15 艘航母,真正能合格参战的
只有 1 艘"大凤"号,这反映出造舰能力严重不足。

美国因有当时世界最强的造舰能力,战争中能"批量式"造航母。
战前罗斯福总统批准建造 13 艘"埃塞克斯"级,却因国会限制拨款,
太平洋战争爆发前只有 5 艘开工。珍珠港事件使美国痛感建造航母是当

务之急，政府和军方制定了共造 32 艘"埃塞克斯"级的计划。为了应急，罗斯福还决定用轻型巡洋舰改装成 9 艘 1.1 万吨级的"独立"级轻型航母，在 1943 年全部服役。

"埃塞克斯"级航母的建造规模，成为世界造舰史上一个奇观。为加快进度，美国采取标准化方式，按统一设计方案交各工厂分头生产部件，造船厂能够采用流水线作业组装。由于钢型和钢板、设备、机械及武器都实行了高度标准化，建造周期大为缩短。过去美国造一艘 2 万至 3 万吨位的航母需要 3—4 年（日本也是这一速度），"埃塞克斯"级的单艘工期却缩短到 14—16 个月。

"埃塞克斯"级航母标准排水量 2.72 万吨，满载排水量 3.48 万吨，舰长 265 米，航速 32.7 节。为防御自杀机攻击，战争后期该型航母除装备 12 门 127 毫米高平两用炮，还有 40 毫米高炮 68 门，20 毫米高炮 55 门。舰上配备官兵 3400 人，舰载机达 100 架。

至 1944 年末，"埃塞克斯"级航母共建成 17 艘服役，成为美国海军的主力，对日军形成了压倒优势。美军感到此型舰吨位还不够大，从 1943 年开始建造 5 艘 5 万吨排水量的"中途岛"级航母，至战争结束前

自 1943 年起，美军"埃塞斯克"级航空母舰在太平洋战场上成为美国海军舰队的骨干力量，经历了各次海战，在打击日舰中发挥了最大的威力。

已有 3 艘建成服役。

　　为了掩护庞大运输船队，美国又利用货轮的船体铺设甲板，建成了124 艘护航航母，虽不能参加海战，却有效保卫了跨越大洋的运输船。

　　美军在战时建成了世界最大的航母群，而日本航母在战时几乎却损失殆尽，投降时日军只剩一艘最老旧的"凤翔"号航母还能开动。

世界最大战列舰"大和"级陷于无用之地

　　20 世纪 30 年代之前，各强国都以战列舰作为海军的主力。由于1922 年签订的华盛顿海军条约限制，太平洋战争开始时美、日现役的战列舰主要还是第一次世界大战期间和 20 年代初期建造的老舰。从数量看，美军有 17 艘，日本有 10 艘，根据条约限制吨位都在 3.5 万吨之下，火炮口径都在 406 毫米之下。

　　1936 年美、英、法三国签订了第二次伦敦海军条约时，日本拒绝签字，从此发展战舰不受条约限制，各国都从新战争需要重新建造战列舰。美国因实力雄厚侧重于发展数量，日本则企图以单舰威力优势抵销美军

的数量优势。

　　从 1938 年起至 1940 年，美国继续遵循"巨舰大炮决定海战"的指导思想，启动了三级共 10 艘战列舰建造的工程。这三级分别是：

　　"北卡罗来纳"级 2 艘，标准排水量 3.8 万吨，装配 9 门 406 毫米炮。

　　"南达科他"级 4 艘，标准排水量 3.5 万吨，装配 9 门 406 毫米炮。

　　"艾奥瓦"级 4 艘，标准排水量 4.6 万吨，装配 9 门 406 毫米炮。

　　因大舰工期长，至 1941 年夏天才有"北卡罗来纳"级 2 艘战列舰

🖉 美国海军 1939 年始建"南达科他"级战列舰,在 1942 年内服役,恰好弥补上珍珠港遇袭时老式战列舰损失后的空缺。

🖉 太平洋战争爆发前,美国海军对航空母舰的作用仍认识不足,还是将战列舰当成舰队的主力,因而设计并开工了最后一批战列舰"艾奥瓦"的建造。1944 年到 1945 年初这 4 艘舰服役时,战争已近尾声。其中"密苏里"号曾作为日本签订降约的舰只,战后虽封存,却在朝鲜战争、越南战争中再次启用,80 年代经过改造继续使用,又参加海湾战争,直至 1992 年才最后退役。
表现"艾奥瓦"级战列舰在 1943 年试航的油画。

🖉 "艾奥瓦"级战列舰的侧视图。

开始服役。该型的"华盛顿"号在瓜岛附近夜间利用雷达瞄准，一举击沉日本战列舰"雾岛"号（"金刚"级，排水量 3 万吨），成为美战列舰"单挑"击沉同型舰的唯一战例。

"艾奥瓦"级是美国最后建造的战列舰，从 1940 年到 1941 年起相继动工，1943 年至 1944 年陆续建成 4 艘，命名为"艾奥瓦"号、"新泽西"号、"密苏里"号、"威斯康星"号，在历史上大多赫赫有名。

日本在 30 年代后期只建造了 2 艘战列舰，太平洋战争中停止再建。1936 年日本决定重启战列舰建造时，感到本国资源远不及美国，搞数量竞赛肯定会输，应建造吨位、火力占优势的"超级战列舰"。鉴于美国战列舰为通过巴拿马运河所限，吨位不能超过 5 万吨，日本战列舰在太平洋活动却不受其限制，因而建成吨位超过 6 万吨的单舰便能占据优势。

根据"单舰优势"的思想，1937 年日本开始了 2 艘"大和"级战列舰的建造，同级另一艘命名为"武藏"。此时海军航空部认为一艘"大和"的造价相当于 1000 架战斗机，坚决反对建造而主张发展航母和舰载机，

日本建造的"大和"级战列舰是世界史上吨位最大的战列舰，图为该舰服役后出航的照片，可看出舰桥两侧配置的高炮数量还不太多。

却未能说服传统派。

1942 年，"大和"号和"武藏"号这两艘世界上最大的战列舰相继服役，其标准排水量 6.4 万吨，最大满载排水量 7.2 万吨，最大航速 27 节，配备 9 门口径 460 毫米的巨炮（这是世界上口径最大的舰炮）。此刻舰炮决胜却成"隔日黄花"，这两艘巨舰已生不逢时。

"大和"和"武藏"服役后，日军舰队头目又害怕其受损失不敢轻易出动，由"金刚"级等老牌战列舰冲杀在瓜岛附近。1944 年 10 月莱特大海战时，"大和"号才得到向美舰发炮的机会，因害怕空袭只打了几排炮便撤退。"武藏"号还没得到一次开炮机会，在此役中就被敌机炸沉。

日本人后来感慨"大和"级没有发挥出威力，其实它若是同吨位只及自己 70% 的美国"艾奥瓦"级对战并不占优势。因工业和科技水平所限，"大和"级虽火炮口径大、装甲厚，装甲钢的质量却不如美国，防护力并不强于"艾奥瓦"，其 460 毫米主炮的火控系统较差又导致射击精度和射速都逊于"艾奥瓦"的 406 毫米炮，航速也低 20%。"大和"建成时没有装配雷达，后来只安装了质量较差的对空对海侦察雷达。"艾奥瓦"级却有炮瞄的火控雷达，双方夜战能力形成代差。若假设两舰白天炮战会难料胜负，夜战的胜利者肯定是"艾奥瓦"级。

"野马"胜"零式"使美军完全掌握制空权

太平洋战场上的海战角逐，胜负关键在于谁能掌握制空权，美日两国的飞机产量、性能和飞行员素质在这里起着决定作用。

美国是世界轰炸机的头号生产大国，太平洋战争前便生产出重型的 B–17 "空中堡垒"轰炸机，以及 B–24、B–25 等几款中型轰炸机。战争后期，美国波音公司又生产了 2000 多架 B–29 "超级空中堡垒"轰炸机，实施摧毁日本国家潜力的战略轰炸任务。日本却只能生产轻型轰炸机用于执行战术任务，其航空兵头目后来感慨说："日本最大的飞机同 B–17、B–29 相比，就像乒乓球与天鹅对比"。

日本曾将发展战斗机作为武器研制的第一要务，太平洋战争之初能以"零式"和老练的飞行员逞凶南洋，不过其很快便被美军战斗机压倒。

日本艺术家邦彦二战漫画所绘零式战斗机，1940 年该机服役并首次投入中国战场后，一时以"空中无对手"而著称。

1937 年至 1939 年，日军航空兵同中国和苏联空军进行空战时，主力是"中岛九七式"轻型战斗机，其最大时速为 460 公里，最大航程 800 公里，配备 2 挺 7.7 毫米口径机枪。从性能看，它与中、苏两国空军的主力伊 –16（苏军 30 年代后期的标准战斗机）旗鼓相当。1939 年日军装备"零式"战斗机后，在空战中便压倒了伊 –16，1940 年成了中国空军最黑暗的时期。

太平洋战争开始后，"零式"共生产 1.1 万架。日本设计师以牺牲防护减轻重量，使这款三菱重工的产品曾列为当时世界上机动性最好的战斗机之一，其主要性能如下：

最大时速：571 公里；

升限：1 万米；

航程：3000 公里；

空重：1.68 吨；

武器：20 毫米机炮 2 门，7.7 毫米机枪 2 门，可载 60 公斤炸弹 2 颗。

同"零式"相比，战争开始时美军主力舰载机 F–4F"野猫"与之空战都感稍逊一筹，只有陆基 P–40 战斗机能与之抗衡。1941 年，美国陈纳德航空队装配了 P–40，对抗"零式"屡获胜利。不久，美国飞行员看出"零式"机壳薄弱的弱点，知道命中后便能让它变成"空中打火机"。美机结构强固，驾驶员座舱有装甲，中弹不伤及要害便不足惧，敢于缠斗并反复交火便能压倒日机。

开战之初美国一度出现"零式恐慌"后，大力研制新型战斗机，1942 年便服役了 P-38"闪电"式、F-4U"海盗"式、F-6F"恶妇"式战斗机，性能都超过"零式"。其中有双机身特殊外形的 P-38 航程高达 3000 公里，时速达 667 公里，在 1943 年 4 月曾突破"零式"护航，击落了山本五十六乘坐的"陆攻一"轰炸机。

1943 年美国又定型投产称为"战斗机之王"的 P-51"野马"式，翌年大量列装，被国际上公认为二次大战期间性能最好的战斗机。其主要性能如下：

最大时速：703 公里；

升限：1.28 万米；

航程：3400 公里；

空重：3.23 吨；

武器：12.7 毫米机枪 6 挺，可载弹 600 公斤。

P-51 因其载弹多，还可作为战斗轰炸机，"零式"在空战中已不是其对手。"野马"并充当了 B-29 等轰炸机的护航机，在战争后期横行于日本列岛上空。

看到"零式"风光不再，日本在 1944 年利用德国发动机技术，推出了 4 式"疾风"和"紫电"战斗机。"疾风"的性能最好，时速可达 680 公里，按设计能同"野马"一决高下。不过此时日本原材料紧张，"疾

美国油画描绘的"野马"式战斗机在机场上的情形。

风"只生产了 3400 架，其中有一些还是木质，燃油又掺杂了松节油等，通常最高时速只能达 620 公里，仍不能抗衡美军战斗机。

美国民用航空发达，航空兵后备力量又远多于任何国家。1941 年秋美军只有一线作战飞机 1100 架，还少于日本，而此时民间却有大量私人飞机和航空俱乐部，数十万人有航空驾驶资格。日本民航业规模却很小，只有极少数由航空兵退役者担任民航机驾驶员。

在战争末期日军装备的"疾风"战斗机，油料短缺导致其难以有效作战。

日本在战争后期生产的"紫电"战斗机，虽性能指标不错但无力大量生产。

美国参战时，罗斯福总统命令尽快训练 5 万名战斗机飞行员，军方从民间迅速招足此数。当年螺旋桨战斗机与民用机操纵方式相近，美国油料又充足，只需要一年时间便让这些应召者具备了 500 飞行小时的资格而参战，此后又源源不断地训练补充飞行员。日本飞行员的培养过去限于"精英化"，战时突击招考了没有飞行基础知识的 3 万青年，却因训练用油少，1942 年内培训出的飞行员只有 200 个飞行小时。1943 年以后，日军结业飞行员的飞行小时大多只有 100 小时，这些生手上天后

只能任美机宰杀，黔驴技穷时被迫搞"神风特攻"。

事实证明，一个国家航空后备力量的优势，在战争爆发后能很快转化为最强大的航空兵实力。

这幅油画表现的是美军 P-51 "野马"式战斗机主宰了战场，它在 1944 年大量服役后，日机已不是它的对手。

日本陆军装备落后的局面在战时愈加严重

第二次世界大战前，日本地面部队装备发展缓慢，除研制和采购费不足，也是感到自己在亚洲大陆上除苏军外已无对手。太平洋战争期间，日本陆军同美、英、苏、德等国相比装备日益陈旧，火炮至少落后 20 年，坦克也落后 10 年以上。

以"陆战之王"坦克的水平来看，日本在第一次世界大战后引进英、法坦克进行研究，1929 年才生产出第一种国产八九式轻型坦克。1934年日本研制成九五式轻型坦克，共生产 1250 辆，是侵华和入侵马来亚的主力之一。该型坦克重量 7.4 吨，装配 1 门 37 毫米炮，装甲仅为 6 至 12 毫米，虽轻便灵活却有火力弱和防护力太差的弱点，1939 年在诺门坎之战中不堪苏军坦克一击。

1937 年日军又推出一款主力坦克"九七式"轻型坦克，在诺蒙坎之

战后生产1500辆，成为装甲兵的主力。日军将九七式与九五式搭配称之为中型坦克，其实按欧美的标准它只能算轻型。该型车重15吨，装甲6~33毫米，早期型装配57毫米短管炮，后期改为装配47毫米反坦克炮。

为有效进行登陆作战，日军于1942年还制成"特2式内火艇"，其实是重10吨的水陆坦克，其炮塔装37毫米口径炮。该车装甲仅6毫米，被美军轻蔑地称为"一捅就开的铁皮罐头"。1943年日本吸取德国技术，研制出重18吨、装配75毫米炮的"四式战车"，却未组织批量生产。

美国军工业虽以发展海、空装备为主，陆军装备的投入也很充足。太平洋战争开始时美国未准备大规模陆战，只装备了460辆配备37毫米口径炮、重13吨的M2轻型坦克。战时美国参考欧洲战场经验，于1942年研制出M-4"谢尔曼"坦克。这种坦克重33吨，装配76毫米口径反坦克炮，火力不及苏、德的中型坦克，对付日本坦克却绰绰有余。它采用亨利·福特倡导的生产线原理，能大批量生产并降低成本，机械可靠性又是各国坦克中最好的。战争末期美国研制成41吨重、装配90毫米口径炮的M-26坦克，性能优异却未赶上多少作战机会。

美日步兵武器方面的差距，在战时也不断拉大。日军长期装备明治三八式步枪、大正十一年式机枪（中国人称"歪把子"），因看到其6.5毫米口径子弹杀伤力差，1940年开始生产7.7毫米口径的九九式步枪和

九六式轻机枪。不过工业材料不足产量较少，"三八大盖"还是标准装备。日军对冲锋枪长期不重视，认为其射击不准又浪费弹药，坚持"百发百中胜过百发一中"的原则。通过对美实战日军才感受到自动火器差，1943 年研制出"百式"冲锋枪，也未能大批量生产。

战前的美国因和平主义思想严重，未给陆军换装新装备，如士兵用枪主要是 1903 年式步枪。战争开始后，美国作为世界上头号枪械大国立即组织大量生产 1936 年便定型的 M1 伽兰德半自动步枪，产量达 500 万支。该枪的缺点是重量大（4.3 公斤），精度和射速却在当时世界步枪中堪称第一。为保障步兵之外的人有轻便用枪，美国还生产了 M1 卡宾枪（重 2.7 公斤）600 万支。美军装备的冲锋枪主要为"汤姆逊"和 M3A1，分别生产了 140 万支和 60 万支。全部装备自动、半自动枪械的美国兵实施近战时，子弹投射量大大高于靠手拉枪栓的日本兵。

美军装备的优势，还体现在通信设备方面。1942 年以后摩托罗步话机作为"步兵通信器"普及到了班排，良好状态下无线通话能力可以达到 4 公里。步话机的普及，使美军步枪、机枪、支援火炮、坦克、舰炮乃至飞机都成为一个协调的作战整体。日军只是联队（团）或加强大队有无线电台，基层作战单位就只能靠徒步传递命令或"通信基本靠吼"，组织指挥水平与美军根本无法相比。

在太平洋战争中，美国陆军基本作战单位为师，日本为师团。日本

1943 年美军大量装备的"谢尔曼"式坦克，同苏联的 T-34 并列为二次大战期间世界产量最大的坦克（都超过 5 万辆）。"谢尔曼"式坦克在欧洲对抗德军装甲部队比较勉强，在太平洋战场对付日本轻型坦克的话就显得绰绰有余。

美军的 M1 伽兰德半
自动步枪及其配件示
意图。该枪在 1936
年就开始试装备，真
正大量投产是在 1943
年以后。其弹舱可装
8 发子弹，被公认为
二次大战中最优秀的
步枪。

日军陆军标准装备——
九九式步枪和南部
十四式手枪的图示，
在当时世界陆军中已
经显得落后。

师团有多种编制，按战时最基本的日本师团与美国步兵师相比，也可看出装备差距巨大。

1942年美军步兵师与日军甲种师团（三联制）装备对比		
	美军	日军
步枪	14386支（含卡宾枪）	4500支
机枪	1312支	486支
炮（75毫米以上）	335门	48门
炮（75毫米以下）	198门	54门
火箭筒	168支	无
掷弹筒	无	324支
坦克	149辆	26（编制数，大多没有）
卡车	742辆	360（编制数，大多缺编）
吉普	1020辆	无
官兵数	18890人	14294人

注：上表只表现双方装备数量，质量差距也很大。日军师团主要装备36门75毫米口径山炮与12门75毫米口径野炮，美军师属火炮为12门155毫米口径榴弹炮和36门105毫米口径榴弹炮。美军坦克多为中型坦克，日军装备的均为轻型坦克。以火力投射力计算，一个美军步兵师超过十个日军甲种师团。美军行动又系全部机械化，日军主要靠徒步和骡马。

在战争期间，美军共组建了81个步兵师和16个装甲师，对日战场却主要是面积不大的岛屿争夺战，没有大规模的陆战场，因而美国陆军主力投入欧洲，在太平洋战区只保持20~30个师，并有4个师的海军陆战队。此外，英联邦军（包括英国、澳大利亚、新西兰和印度）也投入了30个师以上的部队参加缅甸和南太平洋地区的作战。

日本在太平洋战争开始时有51个师团，多数用于中国战场和关东军，此外还储备了56个师团的装备。战争期间日本损耗的陆军装备与生产量基本相当，而1945年春最后的大动员时陆军师团扩大到169个，导致大量新部队武器严重不足，多数炮兵没有炮，步兵也往往是几个人

第二次世界大战后期的美国海军陆战队装备示意图，最上面是的伽兰德半自动步枪，下面是勃朗宁 M1918A2 自动步枪。勃朗宁枪在一次大战中作为半自动步枪出现，此时的改进型已能自动射击而实际变为轻机枪，其缺点是弹夹装弹少（仅20发）和连续发射后枪管易变红。

1943 年以后美军一个步兵班的标准配备是 1 支勃朗宁步枪，10 支伽兰德半自动步枪。

日军吸取了战场上没有冲锋枪而近战火力差的教训，在 1940 年设计了"南部一百式冲锋枪"，1942 年以后投产。战争后期日本的工业原料优先保障海空方向，这种冲锋枪的产量不大，只装备少数突击部队。

日军的九九式轻机枪模仿捷克 ZB24 式，却以"武士要佩刀"的传统安装了一把刺刀。机枪装刺刀是世界上独一无二的，日军此种做法只反映出战术思想的落后和怪异，因为一般士兵根本无法手持重达 8 公斤的轻机枪用刺刀拼杀。

美国摩托罗拉公司在战时大量生产装备部队的步话机，使一线部队的班、排都可实现无线电通信。美军步兵连、排之间的通话可使用手持移动式SCA 536调频电台，在世界上居领先地位。

才有一支枪。

看到本国资源和工业能力的弱点,日本军部曾丧心病狂地想出一些如细菌武器、化学武器等廉价的制胜奇器。不过日军终究没有敢对美国使用生化武器,是害怕遭受对手同类武器更可怕的报复。

武器作为战争的重要因素,是一个国家工业和科技水平的结晶。日本曾倚仗明治维新后的工业进步欺凌贫弱的亚洲国家,然而它挑战美国则属不自量力,"乞丐与龙王比宝",纵然侥幸获得初胜也终归会大败。

附录:日本陆军师团、旅团编制

第二次世界大战期间日本陆军编制比较混乱。中日战争初期,1 个日军师团下辖 2 个旅团、4 个步兵联队(团)、1 个炮兵联队、1 个骑兵联队,兵力在 2 万人以上。1938 年以后日军按多数国家通行的三三制编制组建"三联制"师团,直辖 3 个步兵联队、1 个炮兵联队和直属工兵、辎重、通信、装备、卫生和兽医队各 1 个,兵力 1.4 万人左右。旅团则作为独立部队,不归各师团管辖,下辖 5~6 个大队(营),兵力从 4000~8000 人。战争后期,日军因装备不足又组建简编师团,下辖 2 个旅团而不辖联队,每旅团辖 5 个大队,全师团 1.2 万人,火炮等重武器很少。

美澳军反攻

第八章

1942 年 8 月至 1943 年 2 月的瓜达尔卡纳尔岛之战，是日军在太平洋战场走向失败的根本转折。美军赢得胜利的关键在于掌握空中优势，进而又取得海上优势，切断了岛上日军的补给线。

日军丧失制海空权后变"饿军"

　　1942年8月至1943年2月的瓜达尔卡纳尔岛之战，是日军在太平洋战场走向失败的根本转折。美军赢得胜利的关键在于掌握空中优势，进而又取得海上优势，切断了岛上日军的补给线。鉴于制空权等于制海权，瓜岛之战后日本海军联合舰队司令山本五十六又集中航空兵主力同美军持续空战，徒劳地损失了多数熟练飞行员，还搭上自己的性命。失去空中掩护的日军无法保持供应海岛上的部队，过去狂热武士们在缺粮、缺弹后只有陷入覆没或成为饿殍的境地。

表现澳大利亚军登陆作战这幅画，形象说明1942年秋季以后的澳军已从新加坡惨败后恢复过来，并向日军展开反攻。画面上的澳军士兵使用的是1915年英国研制的MK1型"刘易斯"轻机枪（俗称"壮筒式机枪"），说明当时装备落后的状态还未完全改变。该枪为世界上第一种便携式轻机枪，在第一次世界大战中大量使用，英联邦军队中此种机枪在1943年才全面被布伦式轻机枪取代。

美澳军在陆上战役中首次击败补给不济的日军

　　1943年2月日军从瓜岛败退时，美军和澳大利亚军队在巴布亚半岛（如今的巴布亚新几内亚）也首次击败日本陆军，关键原因是切断了对手的补给。

　　瓜达尔卡纳尔岛的激战正酣时，这个岛西面约500公里的世界第二大岛——新几内亚岛东端的巴布亚半岛上也展开一场激战。1942年8月下旬，日军动用了横扫新加坡、东印度群岛的劲旅南海支队（兵力8000人）去翻越海拔2000米的斯坦利山，想一举攻下半岛的英国统治中心莫尔兹比港。在骄狂的日本武士看来，在马来亚会战时一触即溃的澳大利亚军队仍然会不堪一击。

此时日本集中在拉包尔的舰、机主要负责支援瓜岛，南海支队没有运输船从海路进攻，只好徒步翻山。出发时日军尽量多背粮食，并抓了几千土著人当运夫，勉强携带了半个月给养。这些日军吸取了马来亚、缅甸丛林战的经验，按美澳军形容好像"一群有魔力的蚂蚁"穿行前进，"打下莫尔兹比港就有好吃的"成为激励口号。

进攻的日军恰好选择了不利的季节，此时正值雨季，山间小道上泥

泞不堪，民夫又不断逃跑，日军只好自己背粮导致行进迟缓。南海支队花费了20天，至9月16日才进抵莫尔兹比港北面的山峰，此时平均每个士兵只剩下150克粮食，又未带重武器。日本官兵在山顶已看到繁华城内的灯光，城外的澳大利亚军却集结了近2万人并筑好工事严阵以待，这些军衣褴褛的饿鬼们再没有力气冲锋。

南海支队请求设在拉包尔的司令部给予海空支援，回答是没有可能，无粮缺弹的日军进退两难，最终选择忍着饥饿原路退回。此前有恐日情绪的澳军见眼前的对手不战而退，马上壮起胆子跟随追击。

参加巴布亚新几内亚之战的澳大利亚军队的形象，中间的士兵已手持美国的步话机，能有效联络。右面的士兵手持英国的斯登式冲锋枪。左边是刚建的第一巴布亚步兵营的当地土著士兵，这些熟悉丛林生活的人成为白人官兵在山区对付日军最有力的帮手。

按此次参战的澳军回忆，滂沱大雨将山道变成深可没膝的黑泥潭。潮湿、疟疾、丛林疮、嗜血的蚊虫成为这场"世界上最艰苦的战斗"的写照，"该死的山道"带来的麻烦比日军还要多。不过澳军却有充足的补给，并有空中掩护，日军边打边撤得不到任何支援，只能以嫩草、树根充饥，甚至强夺澳军士兵的尸体食用。对己方走不动的伤病兵，日军一律射杀，如此凶残的部队令澳军大感震惊。

这一澳大利亚军人与日军拼杀的画面，显示出澳军人已非马来亚、新加坡作战时那样不堪一击。

10月下旬，日军南海支队残部退到靠近海边的布纳，同留守部队会合，勉强得到些补给。指挥太平洋战区美国陆军司令麦克阿瑟得知对日陆战首次获胜兴奋不已，马上赶到莫尔兹比设立指挥部亲自督战。他认为澳大利亚军队战斗力有限，调来美军第三十二师，在航空兵、军舰炮火掩护下于11月间向布纳猛攻。日军缺少海空支援，粮、弹又不足，却拼死顽抗。美澳军攻入城内后，发现日军竟然垒起尸体

做掩体，戴着防护面具来抵
御尸臭。激战至 1943 年 1 月
2 日，美澳军攻占布纳城，
少数日军向西逃走。

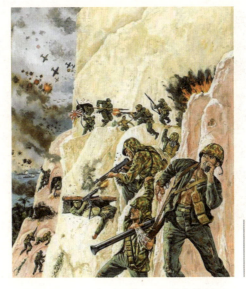

　　过去战史上常被人忽视
的巴布亚半岛之战，其实与
瓜达尔卡纳尔岛一起构成了
日军走向失败的里程碑。此
时美、澳陆军还缺乏战斗经
验，却首次击败了日本陆军。
在为时三个半月的这场战役
中，美、澳军参战 3.5 万人，

美军投入巴布亚半岛
之战的画面，美国陆
军在此战中首次取得
对日军作战的胜利。

伤亡 8500 人（其中死亡 3000 人），另有 1 万多人患病。日军参战的 1.7
万人中死亡了 1.2 万人，其余多带着伤病逃走，还有 350 人走不动又不
愿自杀的伤病兵当了俘虏。

　　日军攻击莫尔兹比港的行动遇到惨败，充分暴露了其军事思想的冒
险性和严重轻视后勤的战略短视。太平洋战争爆发前，日军主要在大陆
和距离本土不远的海上作战，补给线短，又经常下令"就地调达"即在
战区强征劫掠。太平洋战争爆发之初，日军仍沿用这一方式，攻占南洋

之初还缴获了堆积如山的物
资。如同一个人总当强盗，
缺少东西后的习惯反应便是
去抢。日军进攻瓜岛时要求
"去吃罗斯福"以及远征莫
尔兹比港时想靠缴获就食，
便是这一惯性思维的产物。
不过在南洋荒岛上想抢劫已
没有对象，日军遇到美、澳
军有力抵抗，缴获粮食又办
不到，后方补给再遭美军的
空中和潜艇封锁，结果整个
岛子都成了"饿岛"。

这幅美国潜艇拦截日
军运输船的画面，形
象地体现了当时潜艇
战在阻断日本向南洋
补给时起到的重要作
用。

山本五十六的照片，领章上的三颗星是大将军衔（日本军衔无上将，大将相当于他国的上将，同样大尉、大佐也相当于他国的上尉、上校）。

山本五十六组织"伊号作战"，自己却被击落丧命

日军撤出瓜岛后，山本五十六仍坐镇号称"日本的珍珠港"的中太平洋上的特鲁克港。他看到败退的关键是丧失了制空权，一厢情愿地想尽快夺回空中优势。

1943 年 3 月 3 日，日军有 8 艘运输船和 8 艘驱逐舰运送第五十一师团的 6900 名陆军士兵增援新几内亚岛，遭到从瓜岛起飞的 120 架美机攻击，7 艘运输船和 5 艘驱逐舰被炸沉，3664 人葬身鱼腹，船上的重武器也几乎都沉入海底。在这次空中攻击中，美军仅损失 4 架飞机，阵亡 13 人，充分显示了水面舰船在没有制空权的情况下行动就很可能遭遇灭顶之灾。

这场称为"俾斯麦海之战"的空中打击，对山本五十六又是一个重大刺激。他下决心拔除美军的空中进攻基地，联合舰队司令部立即制定了一个代号为"伊号作战"的空中进攻战役。

此时日军有 4 艘航空母舰损坏回国大修，在拉包尔附近只剩 2 艘攻击航母和 2 艘临时改建成的轻型航母。山本五十六对中途岛一战沉

在 1943 年 3 月的空战中 F4"海盗"击落"零式"战斗机。

没 4 艘航母还心有余悸，于是让航母舰载机转场到拉包尔等地的陆上机场作战。

后来许多军事评论员认为，山本五十六这一命令十分愚蠢。航母的优势本在于海上机动性，舰载机飞行员又要经过独特的海上起降专业训练。山本顾忌失舰而让舰载机上陆，结果既发挥不出其飞行员的特长，航母又会失去空中老手。

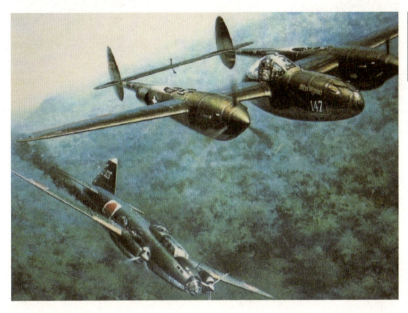

为实施"伊号作战"，日军拼凑了 389 架飞机，超过了袭击珍珠港和进攻中途岛时的出动数。日军战机主要还是零式战斗机、"九九"舰爆和"九七"舰攻，美军的 F-4 和 F-6 的性能同零式基本相当，数量却占了优势，飞行员训练时间也长。美军还有一个独特优势，那就是前沿雷达可提前侦悉日军机动向。日军却没有前沿雷达，掌握信息能力远远落后。

4 月 3 日，山本五十六从特鲁克飞抵拉包尔，亲自指挥"伊号作战"。4 月 7 日，日军出动 67 架"九九"舰爆和 157 架"零战"，以 224 架的大编队进行了最大规模的攻击，目标直指瓜岛的美军机场和海上舰艇。美军雷达早就发出预警，日军每次出击都遭数量占优势的美机拦击，结局多是无功而返。

经过十天的"伊号作战"，日军不得不在 4 月 16 日停止空中攻击，其战果只击沉了盟国运输船 2 艘，驱逐舰、护卫舰和油船各 1 艘，击落击毁美机 31 架，自身却被击落飞机 59 架。在这次徒劳进攻中，日军舰

这幅画描绘了 1942
年秋至 1943 年美日
空战时的主要战机的
交锋，前面是美国
的 F4U"海盗"式战
斗机，中间为日本的
"零式"战斗机，后面
是美军 F6F"地狱猫"
战斗机。美军这两种
战机与零式的空战性
能基本相等，不过结
构却更强固。画中显
示零式一经撞击便折
断了机翼，美机却完
整无缺。

载机飞行员中残剩下的众多"尖子"在空战中坠海，成为无可弥补的损失。

山本五十六自知油料、后备航空人员的补充能力远不及美军，只得
下令停止作战，不过仍决定飞到距离瓜岛只有 300 公里的布干维尔岛视
察，为前沿部队打气。美军破译了日军密码，知道这一行程准确时间，
前线指挥部建议将其击落。不过有人认为这相当于一次"暗杀"，有违
骑士风格，于是上报总统决定。

罗斯福召集军政要人开会时，到会者基本都赞成击毙山本，认为日
本没有人才可替代他。何况此人指挥偷袭了珍珠港，理应报复，而且在
战场上"敌军的司令官和每个士兵都是合法的攻击目标"。

4 月 18 日，山本五十六和随员乘 2 架"一式陆攻"轰炸机由 6 架零
式战斗护航，飞向布干维尔岛。刚到岛边，他们便遇到 16 架美军 P-38
战斗机拦击，山本因座机被击落身亡。日本官方将他尸体火化后送回国，
举行隆重国葬，并追封为"元帅"。联合舰队最高长官战死，对日本士
气又是一次沉重的打击。

美军实施"越岛进攻"，封锁孤立了拉包尔

1943 年，美日没有发生大的海战，主要是因双方此前在中途岛、瓜

岛的激战中舰艇损失都很大。双方国内的船厂开足马力造船舰，美国下水的吨位却是日本的 10 倍，两国海军实力的差距迅速拉大。

此时美国的战略是"先欧后亚"，以主要力量打击德国，1943 年内对日军只发起试探性进攻，11 月间攻占中太平洋的塔拉瓦岛，获得岛屿攻坚的宝贵经验。

为了让日本四面受敌，美国需要拉住中国长期抗战以拖住日本陆军相当一部分主力，并希望中英两国协同反攻缅甸，同时催促苏联尽快参加对日作战。

1943 年 11 月，美国总统罗斯福同英国首相丘吉尔到德黑兰、开罗分别同斯大林、蒋介石会谈，得到了苏联结束对德作战后便对日本开战的承诺，中、美、英三国也议定将协作攻击日本的缅甸方面军。在中美英联合发表的《开罗宣言》中，又宣布战后将把日本窃取的台湾归还中国。

考虑到日军在孤岛上"战至最后一兵一卒"的疯狂精神，美军为减少伤亡，提出了一个向日本本土挺进的"越岛战术"。这一计划确定，只夺取一些需要作为进攻跳板的重要岛屿，对有些日军重兵守卫的岛屿只用海空攻击使其瘫痪，然后绕过去让其坐困。美国首先选中的目标，是日本在所罗门群岛的重要基地拉包尔，决定先夺取其周围重要的海空基地，再以封锁的方式导致其丧失作用。

拉包尔是日军第八方面军司令部所在地，本岛有 8 万驻军，周围岛上还有 7 万军队归其指挥，其中 3.5 万人驻在东南的布干维尔岛，是日本前伸最远的据点。

1943 年 11 月，美军在布干维尔岛登陆，日军开始准备在岛内决战而未向滩头反击。不久，岛上日军发现美国为减少伤亡并未攻击，只在登陆后扩大了一个占领圈，并修建机场对拉包尔实施空袭。日军不得不决定，主动向登陆美军进攻。

1944 年 3 月，布干维尔的日军得到小股偷渡增援，兵力达到 4 万人，便以曾参加南京大屠杀的第六师团为主力，发起了为时八天的进攻。在美军早已构好的滩头外围的火网前，日军死伤 8000 多人，因弹药耗尽被迫再退向岛纵深的丛林。此战美军只伤亡了 1000 多人，获胜后也不向丛林追击，只是从岛上机场上起飞战机不断搜索轰炸岛上的日军目标和前来的运输船。

这幅画表现了美军的两栖登陆战术，使用的是 LVT-4 两栖登陆车。

此后布干维尔岛上的日军，成了困守孤岛陷入困境的典型例子。他们只能靠潜水艇偷运得到少量供应，缺弹少粮，奉命分散开荒以"自活"。由于缺乏准备，岛上的日军农耕收获不多，垦地又经常被美军飞机和雇佣的当地土著游击队破坏，日益陷入饥饿状态而要靠采集野果过活。

这幅画表现了澳大利亚军在丛林中迎击日军。1944年以后美军将布干维尔岛和新几内亚岛的陆战移交澳军，面对弹尽援绝的日本残军，澳军已经能够胜任围困战。

1944年10月，美军将布干维尔岛上的防务移交澳大利亚第二军，澳军上岛后对日军仍采取封锁促其自毙。至1945年8月日本投降时，岛上日军只剩2.3万人，此前已有8500人战死和9800人病饿而死，活着的人也骨瘦如柴。据受降的澳军回忆，若不是看到许多日本兵眼珠在转，还以为他们是骷髅。相比之下，美澳军登岛一年半死亡不过1200人，越岛和封锁战法充分显示出高效费比。

日军士兵反冲锋时的形象，刺刀上挂着太阳旗是其惯例，上面写着"大东亚共荣"、"至诚奉公"正是那时日本流行的口号。当时面对盟军强大的火力，这类步兵冲击往往只成为自杀性攻击。

✎ 美机对拉包尔实施
空袭的油画，一架
F4-U 战斗机成为中
心点。

从 1943 年 11 月起，美军对拉包尔实施了持续空袭，岛上 173 架日军飞机有 121 架被击落和炸毁，所余飞机大多飞到北面的主要基地特鲁克岛避难，港内舰艇也出逃。这样，拉包尔作为日本在南太平洋的基地已丧失作用，美军感到如实施登陆战会付出重大损失，便绕过这一要塞北上，由澳大利亚部队对其实施监视。

1944 年 2 月 25 日，美军航空母舰编队突然以舰载机袭击了日本在南太平洋最重要的基地特鲁克。该地是加罗林群岛首府，原为德国殖民地，1914 年日军占领后经过 30 年经营，联合舰队南下时以此为主要锚地。美军舰载战斗机夺取了制空权后，对该岛持续进行两天轰炸，炸沉日舰 9 艘共 2.4 万吨、运输船 34 艘共 24 万吨，岛上飞机 270 架被炸毁或击落。这个基地从此丧失了作用，美军对它也只采取海空监视，绕过该地继续"越岛进攻"。

新几内亚岛上的日本第十八军因饥饿崩溃

拉包尔、特鲁克这两个日军大型基地丧失作用后，美军打击矛头接

着指向西面的新几内亚岛。这个世界第二大岛东西长 2400 公里，面积 78.5 万平方公里，属于热带雨林气候，当地土著人口稀少且大多住在海边。日军在 1942 年夺取该岛北部和东部后，将其作为保卫荷属东印度群岛（今印度尼西亚）的屏障。

1943 年初，原任日本北支那方面军参谋长的安达二十三被调到新几内亚岛，任日军第十八军司令，下属 4 个师团大都从中国战场调来，头号主力是卢沟桥事变后进攻平津的第二十师团，其次是从山西调来的第四十一师团。第十八军成立时兵力达 13 万人，为便于供应分散驻扎在新几内亚岛北面的海边据点，因缺乏道路各部队难于相互联系，这正好给了美军对其加以封锁和各个击破的机会。

从 1944 年 4 月 22 日起，麦克阿瑟指挥美澳联军 7 个师（其中美军 4 个师）20 余万人，在 1000 余架飞机和大批海军舰艇支援下，开始向新几内亚岛北部进攻。美军首先在荷兰蒂亚港湾登陆，当地日军猝不及防败退进山，美军以伤亡 1100 余人的轻微代价占领了荷兰蒂亚这一据点。接着，美军没有按照逐一突破的传统战术，而是通过"蛙跳"战术将日

军切割开，破坏他们的物资供应链，避免了过去攻占岛屿时出现大量伤亡的局面。至 7 月 30 日，美军攻占日军在新几内亚的最西部的据点鸟头半岛，在三个多月时间里向西跃进 1600 余公里，并沿整个海岸建立起一系列海空军基地，完全切断了岛上日军用于补给的海运线。

日本第十八军各据点一个个遭受攻击时，友邻多因缺少道路支援不灵，也没有海空协助。美军集中优势兵力攻击一点，日军都守不住阵地，只好撤向山区。美军为减少伤亡，"只打海边不进山"，让疾病、饥饿来消灭退入山林的对手。

进山日军缺粮少弹又没有多少药品，想耕作又缺乏农具和种子，便以抢劫土著部落过活，犯下奸淫掳掠众多暴行。后来日军投降时，澳大利亚军押解俘虏行军，土著居民常冲入队列将日本人拉出去砍头泄愤，澳军押解兵经常也不制止。

1944 年秋季以后，新几内亚岛上的美国陆军北上菲律宾，分割封锁和监视日军的任务交给澳大利亚军。日本第十八军分散在山区游荡，吃完一地再转移到另一地，途中留下众多倒毙者。战后美澳军找到日本第十八军司令部的一份命令竟称："吃敌军尸体固然在允许之列，不过严禁吃我军尸体。"澳军在日军驻地经常找到煮人肉的饭盒，还看到跳伞后被俘的美军飞行员被吃掉大半的尸体。

在接近饿死的状态下，1945 年 5 月出现了日军四十一师团步兵第二三九联队第二大队残部集体投降的"竹永事件"。这个大队与主力失去联系，进村庄抢劫粮食时被居民引来澳大利亚军队追击。大队长竹永正治中佐同身边 4 名军官商量，一致决定投降，并于 5 月 2 日集合还剩下的 42 人列队下山向澳军缴械。

长期受武士道、"战阵训"以及陆海军刑法约束的日本军人，能出现成大队建制投降，这在第二次世界大战中是第一次，说明日军的意志开始走向崩溃。

1945 年 7 月，日军第十八军司令官安达二十三见末日将至，下令"全员牺牲报国"即发起自杀式进攻，饥饿无力的部属却几乎都没有执行。8 月间日本投降时，第十八军只剩下 1.3 万人。其中第二十师团登岛时有 2.5 万名如狼似虎的官兵，此时只有 785 个连枪都举不动的瘦骨嶙峋像骷髅的官兵。一些军官投降时对澳军说，如果再坚持下去，不用你们进攻，过一两个月剩下的人也会饿死。

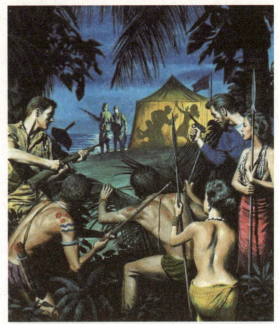

安达二十三在参加投降仪式时因病不能行走，被部属用木杆抬去。他被关入俘房营后用刀片自杀，遗言声称是愧对死去官兵，其实应该是害怕受战犯审判。

被美军切断海运线后而在太平洋上陷入"孤立"的日本各个岛的守军，也大都发生了饥饿现象，还常有人吃人现象，不过也有少数例外。守卫拉包尔的 7 万日军，便靠搞生产经营生活得不错。

驻拉包尔的日本第八方面军司令官今村均大将在 1942 年末看到瓜岛变成"饿岛"，马上提出应准备本岛也会如此。他从国内调来农业专家，并派人调查当地土著耕作方式，根据岛上土地肥沃的特点准备了种

描绘土著在美、澳军人组织下袭击日军的画面，生动地说明日本人占据南洋岛屿后奸淫掳掠激起当地人的仇恨，因而愿意帮助过去的老殖民者。

美军有着雄厚的海空力量，因而能有效进行海上补给的画面，这充分显示出两个战争在很大程度就是打后勤。

子并打造了农具。1944年初该岛海运中断，今村均命令全军转入农耕，当年收获的大米、木薯、玉米和蔬菜便自给有余，还建立了榨油厂、药厂、养鸡场。日军虽缺乏军衣和鞋子，却因当地是热带气候还能勉强维持。日本投降时澳大利亚军登陆，发现岛上7万多日军营养还不错，其指挥官甚至提出是否能晚一两年再遣返，因为国内没饭吃。最后日军战俘还得到澳军许可，回国时每人可带走背得动的余粮，因为这是家人最需要的。

　　拉包尔的日军虽罕见地实现了"自活"，却孤悬于本土几千公里外，这样的精锐部队在战略上发挥不了一点作用，可谓被完全置于无用之地。

　　美国具有商业资本主义的特点，历来注重以少投入获得大收益，这一思想也体现在作战方面，与强调"不惜一切代价取胜"的理念大不相同。美国的"越岛战术"，正是一种尽可能减少自身损失、主要靠饥饿消灭对手的高效费比战术。

这幅画表现了1943年以后南洋日军的形象，左边的日军士兵穿的已经是自己编织的草鞋，并使用镐头在挖地生产。中间是一位陆军中佐，仍然衣冠楚楚指挥他人。右边是海军陆战队的士兵，穿着的是与陆军同样颜色的作战服。

太平洋战争期间日军装备了100多艘潜艇，作战指导思想却是配合水面舰艇攻击敌作战舰艇，不太重视破坏对方的运输线。该图描绘日潜艇击沉对方运输船的画面在战争初期虽出现过但为数不多，战争后期这一情景就很少，所剩潜艇大都负责对孤悬在外的岛屿上的日军进行隐蔽运输补给。

帝国防御圈崩溃

第九章

进入 1943 年初，日本当局见瓜达尔卡纳尔岛作战受挫，纳粹德国又大败于斯大林格勒，美英首脑在卡萨布兰卡会晤中还宣布德日意三国只有「无条件投降」，决定转入战略防御。

突破日本"绝对国防圈"

进入 1943 年初，日本当局见瓜达尔卡纳尔岛作战受挫，纳粹德国又大败于斯大林格勒，美英首脑在卡萨布兰卡会晤中还宣布德、日、意三国只有"无条件投降"，决定转入战略防御。当时关东军接到指令转入防卫姿态，中国战场的日军也取消预定对重庆的攻势。1943 年 9 月，日本的"战争指导大纲"提出一个"绝对国防圈"，即从千岛群岛、库页岛，经中国满洲、大陆直划到缅甸、马来亚、新几内亚，直至关岛、塞班岛，目的是拖延时间以困倦对手争取议和。

美国根据"先欧后亚"的战略，在 1944 年以主要力量进攻欧陆，同时也在太平洋发起反攻以打破日本"绝对国防圈"。美国对日作战又采取东西夹攻，在西翼同英国、中国合作反攻缅甸，东翼战场是在太平洋上攻破塞班岛、关岛这道日军防线。日军虽以先发制人向印度东部发起进攻，却因英、中两国的联合反攻在缅甸战场陷入崩溃。

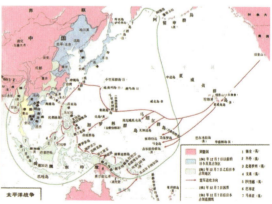

"成吉思汗式补给法"注定日军攻印的悲惨结局

缅甸毗邻印度洋，在战略上却属于太平洋战场的西方侧翼。1943 年11 月中美英首脑在开罗会议商定，将反攻缅甸并打通从印度到中国的陆路交通线。前一年退到印度整训补充的中国新军首先反攻缅甸北部，争

这幅画描绘了英军向靠近缅甸的印度西南边境行进，准备迎击日军。

取与同在滇西实施反攻的远征军会师，英属印度东部的英军则开始进攻缅甸西南部。

1943 年 11 月，驻印度的全副美械装备的中国新军挺进缅北，攻击日军第十八师团。先锋新三十八师官兵头戴钢盔、乘汽车前进并有美国战机支援。中国军队首战时有一个营遭敌一个联队（团）包围，却以强劲火力将其击退。日军根据过去在中国作战的经验，认为一个联队足以击溃中央军一个师或杂牌军一个军，现在却打不过新军一个营，当即惊呼："中国军的战斗力已达到不可与昔日相比的精强程度"。

这幅画描绘了中国新一军在缅甸北部向日军搜索攻击的场面，这支部队经过在印度的一年多整训和重新装备，战斗力大为提升。画上左边的士兵手持美制伽兰德半自动步枪，中间的士兵拿英制布伦轻机枪，右边的士兵端着美制汤姆逊 M1928 式冲锋枪。

中国驻印军投入反击的画面，中间为新三十八师师长孙立人，随后他因战功显著升任新一军军长，所部为中国第一支全副美械化军队。

日军第十八师团曾号称"丛林战之王"，在林间防御严密，中国新军正面攻坚遇阻。军长孙立人便利用复杂地形以部队穿插敌后，在瓦鲁班袭入第十八师团司令部，敌师团长只带少数人逃脱。受此胜利鼓舞，1944年5月在滇西的中国远征军20万人强渡怒江，进攻日军第五十六师团，却一时受阻于松山、龙陵等地。

日军鉴于中英联军反攻，大力加强了缅甸方面军。自中途岛之战后，日军海上优势丧失，感到从新加坡经印度洋向缅甸海运会日益困难，从1942年夏季起抢修从泰国翻越热带崇山峻岭到缅甸的铁路。按正常速度，这一山区铁路施工需六年，日军却强令一年完成，为此征集了30万劳工，其中包括6万盟军战俘。

日本监工用皮鞭、刺刀逼迫劳工和战俘日夜加班，这条400公里的铁路经15个月修筑终于在1943年末完工，此间折磨死了10万劳工，包括1.2万盟军战俘。数千在新加坡被俘的英国和澳大利亚军人在此地死亡，后来拍摄的电影《桂河大桥》使这条"死亡铁路"闻名于世，此事也被列为日本在二次大战中的重要暴行之一。

面对中国和英印部队向缅甸的反攻，装备、供应和数量都处于劣势的日军处于防线一再突破的窘境，这幅画正反映了日本兵在盟军坦克攻击下弃炮而逃的场面。

建成"死亡铁路"后，日本便从主要仆从国泰国境内向西运兵、运物资，缅甸方面军在1944年初扩充至30万人，拥有10个师团和大量支援部队。日本大本营根据"进攻是最好的防御"的观念，提出可进攻印度东部重镇和主要补给基地因帕尔，这样既可粉碎英印军的反攻计划，

又能切断中国驻印军的后路。

当时日本政府在"大东亚共荣圈"共同反英美的口号下，扶植印度反英民族主义者钱伯斯建立一个"政府"，将在新加坡俘虏的 4 万印籍英联邦军士兵交给他建立傀儡部队"国民军"。日军幻想攻入印度后，钱伯斯能发起反英起义，造成英国统治崩溃。殊不知此时印度领导民族运动的国大党虽然反英，也反对日本入侵，英军中大量印度兵也感到对日作战是保卫家园，不可能欢迎日军。

日本大本营提出准备从缅甸西部的钦敦江进攻因帕尔后，在这一方向的第十五军参谋长便上报无力实行，理由是行军要走 700 公里的山区小路，沿途无法补给，后勤又跟不上。军司令官牟田口廉也中将却叫嚷："粮食可以从敌人那里夺取"，向大本营保证作战能成功。此人在卢沟桥事变时是指挥打响第一枪的联队长，一向以狂妄自大著称。

在日军缅甸方面军内，以狂妄著称的参谋辻政信和牟田口廉也经过商量，模仿古代蒙古军的办法，制定了一个"成吉思汗式补给法"。其方法是强征大批水牛、山羊和猴子，再从泰国调来大象，给动物绑上粮食驱赶着上路。计划在行军

日本在发动太平洋战争时利用印度反英运动领导人钱伯斯组织"独立联盟"，动员了在新加坡投降的上万印度兵加入，实际充当了伪军角色。

日本战时杂志曾以所谓"印度国民军"的照片作为封面，企图通过激发他们的反英情绪以帮助自己。

从缅甸向印度东部进攻的日军缺乏运输工具，不得不组织大象运输队的照片。

20 天中，官兵先吃动物背负的粮食，接近目标时再吃牛羊。日军根据在马来亚作战的经验，又认为英印军队不堪一击，很快能"打下因帕尔，坐吃丘吉尔"。

这个带有荒诞创意的补给法，按军事家评论是忽略了一个基本作战法则，那便是严酷的战场上只有受过训练的军用骡马才是唯一可靠的畜力运输工具，靠临时抓来的水牛、山羊甚至是猴子搞运输，简直是一场可笑的闹剧。

日本军阀的狂妄容易导致幻想，正是这种幻想的补给法给自己造成大灾难。

因帕尔成为"绿色地狱"并将在缅日军引向崩溃

1944 年 2 月末 3 月初，日军第十五军 3 个师团又 1 个加强旅团共 6.8 万人越过钦敦江，2 万支援部队及 1 万多补充兵（日军各师团作战时经常有携带轻武器的补充大队在后方，随损随补以保持战力）在后面随行并担负保障。他们翻越印缅边界的阿拉干山脉时，牵着大象并赶着大批水牛、山羊和猴子，活像一个大马戏团。1 万多名日军扶植的"印度国民军"随行前往，不过这些没有斗志的印度兵大都未战便逃散。

看到出发的情景，有驻外武官经历、了解西方的日军第三十一师团的师团长佐藤幸德中将深感不妙，过钦敦江时召集部下做了一番"饥饿训示"称："只要不发生奇迹，诸位的性命将会在即将发起的此次作战

英军进入缅甸作战时，也利用了当地人的大象搞运输。

温盖特袭击者部队。

英国编成的"温盖特
袭击者"特种部队，
用于袭击日军的后
方。从画面中可看
出，士兵有的持英布
伦式机枪，有的拿英
制斯登冲锋枪，有的
背传统的李·恩菲尔
德步枪，有的持美制
轻便的 M1 卡宾枪。

中丧失。但是，不是倒在枪弹之下，你们中的大部分人将会饿死在阿拉
干山里。请做好心理准备！"

　　此时防守印度东北部的是英国第十四集团军，起初只有 5 个师，士
兵多是印度人，装备虽优于日军，官兵素质却比较差。英军指挥部决定
不在边境防御，部队退到因帕尔—科希马构筑坚固阵地，以飞机轰炸和
特遣游击分队破坏日军的交通线，待敌弹尽粮绝再决战，后来的事实证
明这一部署的确达到了扬长避短的目的。

　　中国抗日游击队袭击日军的成功范例，也给了英军以启发，他们在
1944 年组织了一支称为"温盖特袭击者"突击部队，以空投实施补给，
深入缅北日军后方实施袭击，这使日方本来便十分困窘的后勤供应状态
更是雪上加霜。

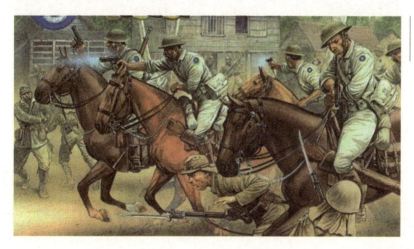

描绘 1945 年春英军
反攻缅甸击溃日军的
画面。

日军人畜混杂的大队伍走上山间小路后，很快就出现混乱。面对着数量占绝对优势的英机不断攻击，负责空中掩护的日本第五飞行师团完全被压制，地面日军常遭轰炸。空袭时水牛、山羊和猴子有不少死亡，剩下的因受惊向林中乱窜，日本兵根本牵扯不住。据当事者回忆，"跑掉一只水牛，一个中队四天的给养就没了"。路途走了一半，除大象之外的动物都或死或逃，日本兵只好吃死牛羊肉，自己背粮食。3月末日军前锋到达因帕尔郊区，却吃光了背负的粮食，只好先分兵四处抢粮。当地山民见到饿狼一般的日本兵纷纷藏粮逃走，抢劫所得并不多。

在半饥半饱、携带弹药又不多的情况下，日军包围了因帕尔、科希马两城，以武士道精神一次次发起冲锋。缺乏战斗经验的英印军起初伤亡不小，刚从中东调来的英国第二师受到重创。不过日军攻击取得突破后，总是因粮弹不济和对方火力猛烈停顿下来。英军通过源源不断的空运，向因帕尔、科希马补充了大量物资，并运来两个师援军。日本兵看着对面英印军吃着奶油面包并喝着甜酒，自己却靠野果和劫掠充饥，日益沮丧而斗志消沉。

因帕尔战场后方的日军通过艰难施工，5月初抢修通了急造公路，60余辆坦克和百余辆汽车勉强开到前线。这些车辆到达时却几乎耗光了汽油，刚修成的道路因遭轰炸、游击队破坏和不断下雨，很快又无法通行。

5月下旬，印度东部进入雨季，前线日军营地持续断粮，疟疾、痢疾、

日本人描绘其军队在因帕尔作战中因供应不济陷入极度狼狈的画面。

描绘英军在因帕尔－科希马同日军激战的油画，在此战中英军依靠优越的装备和供应杀得日军尸横遍野。

霍乱、流感、伤寒等疾病又蔓延，加上得不到药品和医疗器械补充，患病的士兵只有等死。当事者形容"雨季的丛林就像是一座蒸气弥漫的绿色地狱"，还未病倒的下级军官和士兵也大都骨瘦如柴，对上司的谩骂声充斥着部队。

过去在等级森严的日军中，长官有绝对权威，此时牟田口廉也骑马前往一线部队督战时，遇到的官兵大都不向其敬礼，有人还当面嘟囔不满。他回到军司令部后，参谋们居然也不理不睬，有人甚至当面讽刺说"司令官如果到没人的地方自尽，谁也不会阻止您"。此后日军中还称此人

这幅画描绘了英印军在因帕尔阵地前以密集火力挡住了日军疯狂的冲锋，图中英军使用的是其二战时标准装备布伦式轻机枪。

这幅画表现出英印军尽管作战勇气还不足，却能有充分的物资保障，因此在日军败退时还敢在丛林中搜索前进和追击。

为"鬼畜牟田口"，一些日本人还戏称他能逃过战犯审判是因其给本军造成的损失远大于盟军。

时任日军参谋次长的秦彦三郎中将得知因帕尔战场的困境，到缅甸西部第二线视察后回东京，在大本营会议上建议后撤，东条英机却怒斥了一句"谁说皇军不能胜利"，撤退命令又扣住不发。第十五军司令官牟田口廉也则叫嚷"日本人自古是食草民族"，要部下到丛林中找吃的坚持作战，下属三个师团长却都不听令。

5月31日，日军第三十一师团在佐藤幸德中将率领下从因帕尔前线擅自撤退，上报理由是"60天内没有得到一粒粮食，一颗子弹的补充"，此举成为日本陆军历史上最大的一次"抗命"事件。6月间，其他两个师团也自发地向后溃退，日军大本营见前线已经崩溃，才在7月2日正式下达后撤令。

此次未待下令便混乱地后撤，所走之路被日本人形容为"白骨走廊"，过去的道路已在大雨中成为河流。搀扶而行的日本兵不断在沿途倒毙，不少人被水冲走时又发出一片鬼哭狼嚎声。英军第十四集团军在后面展开追击，因道路泥泞速度也不快，他们沿途所见"到处是赤脚露体的尸体，士兵像骷髅一样躺在泥地上"。日军中有600人因病饿掉队且无力自杀，成了英军追击中抓到的俘虏。

8月间日军全部逃过钦敦江，此前过江的10万人已有5万人死去，返回的5万人又有一半成了重病号住进医院（其后又有不少人病死）。日军第十五军的重武器几乎丢光，步枪只带回六分之一，全军基本丧失了战斗力。

在因帕尔—科希马战役中，英印军死伤共1.7万人，其中死亡不到5000人，负伤者大多可治愈，其官兵就此树立起能够打败日军的信心。

此时，在缅甸北部和滇西，中国驻印军和远征军发起了相向攻势，使日军在东西两端的第五十六师团和第十八师团伤亡大半。日军调动在瓜岛被打残后重建的第二师团以及第四十九、第五十三师团各一部北援，也遭中国军队重创。中国驻印军经三个月围攻占领了缅北重镇密支那，近3000名日本守军被击毙。远征军攻克松山、龙陵、腾冲，一路逼近中缅边界。1945年1月27日，身穿美制"罗斯福呢"军装的中国驻印军与身穿灰布

表现英国军人的因帕尔机场上深感得意的画面，此时尽管受日军包围，英军却能通过美国运输机源源不断地充分地补给作战物资。

中国驻印军从西面、远征军从东面两面夹攻反攻缅北示意图。

军装的远征军在缅北小镇芒友会合，从此打通了中国在陆上的国际通道。

据战后日本公布的历史记录，在缅北同中国军队的作战中，其死亡军人约 4 万人。中国军人在作战后期纷纷感叹，"终于看到日军一触即溃的情景了"。

经历了因帕尔和缅北惨败，日本缅甸方面军元气丧尽，其国内向南洋的海运受阻又使其得不到多少补充。1944 年 12 月，英国第十四集团军以 30 万军队向缅甸反攻，起初日军还进行了顽抗，却因缺乏反坦克武器节节败退。1945 年 3 月，原先日本支持建立的缅甸国民军在昂山将军（即昂山素季的父亲）领导下反戈一击，发起大起义。日军腹背受敌，放弃了仰光等城市向泰国撤退。

这时"死亡铁路"已被盟军飞机炸断，徒步而逃的许多日军又因走不动而倒毙在路上。

日军入侵缅甸三年，气势汹汹杀入后最终丢盔弃甲、遗尸遍野而逃。据日方统计，在缅共死亡军人 16 万人、"军属"（军队附属人员）1 万多人。野心过大而又实力不足的这一致命战略弱点，成为日军在缅甸

在因帕尔战役和反攻缅甸时，英军和美军掌握了绝对制空权，图中为英军战斗机飞行员在缅甸作战时的独特装束，因总是低空飞行气温太热而穿短裤。右为到马来亚飞行的轰炸机飞行员，下机后也是全身大汗。

惨败的根源。

　　日本陆军经理学校早就提出过一个"补给就是士气"的信条，不过狂妄的军界头目将补给等同于掠夺，一旦抢掠不到便会窘态立见。不管多么狂热的有"武士道"精神的日本军人，只要吃不上饭，也会士气沮丧乃至意志崩溃，上司的指挥同样不灵。物质决定精神，这一基本原理在战争中总是适用的。

日美最后一次航母对决，形成"一边倒"结局

　　1944 年初春，日军在南太平洋最大的基地特鲁克已被炸成空壳，美军攻击锋芒直指"绝对国防圈"的内层马里亚纳群岛，其首府塞班岛已

被日本控制 30 年，早就宣布为"本国领土"并有成万移民，若失陷会带来灾难性影响。

据皇室近臣回忆，此时天皇听到的上奏总是败报，屡次责问参谋总长："不能想办法给他们一个打击吗？"回答却都是："实在惶恐不安"，"事与愿违很对不起。"

1944 年 6 月 15 日，美军远征部队登陆塞班岛，日本海军联合舰队认为不能坐视"本国领土"丢失，决定实施代号为"阿"的作战计划。此前躲进港口一年多的日本海军几乎出动了可远航的全部力量，其 9 艘航空母舰中包括刚服役的 3.4 万吨的装甲航母"大凤"号，共搭载 400 多架飞机。包括"大和"号在内 5 艘战列舰也在舰队中，主要充当航空母舰的掩护力量。

此时美国工业机器不仅为海军提供了大量舰只，新装备的训练也很充分，美军驶到马里亚纳群岛方向的舰队有 15 艘航空母舰，由 7 艘战列舰（包括刚服役的 2 艘"艾奥瓦"级）护航，改进了指挥仪的潜艇也在前面出击日舰。最重要的是，参战美机数量有 900 多架，飞行员大都是经验丰富的老手，F-6F"地狱猫"式战斗机的性能也超过日本的零式战斗机。

指挥日本舰队的小泽三郎中将明白，舰载机的老练飞行员已在前两年损失大半，现在驾机的多是刚飞过 200 小时左右的新手，对等空战不仅不能击败美舰队，自己的航母还有被摧毁的危险。于是，他制订了一个"穿梭式攻击"的方案，将舰队部署在美国舰载机打击半径以外，起飞舰载机攻击美舰队后到关岛等地降落加油挂弹，进行下一波攻击后再返回。如此日机的打击范围就能大大延长，而美国舰队则无法攻击日本舰队。

配备了装甲的新锐航母"大凤"号只中了一枚鱼雷，日军舰长原来不太以为意。他没想到此舰因仓促建成，内部防火隔离设施不严，火星引发了油管大爆炸使全舰破损沉没。

在此次海战中，美军航母的主力是"埃塞克斯"级，这幅画描绘的是舰上起飞 F-6F"泼妇"式战斗机的场面。

小泽的战法确有创意，却因飞行员水平和飞机性能都落后于对手，自己的舰队不可避免地又遭受了一次堪比中途岛的惨败。

6月19日，日本航母出动四波共326架飞机，在美舰队攻击范围之外起飞发起攻击。不过美军雷达很快发现了来袭者，马上起飞240架F-6F"地狱猫"式战斗机实施拦截。在空战中，日本那些"菜鸟"驾驶员大都被美军老手们轻易击落。少量接近美舰的日机，又遇到一种未见的新武器——有近炸引信的高射炮弹。此种炮弹可以侦测飞机是否进入其爆炸杀伤范围，一旦进入其爆炸杀伤范围即会引爆，效率为传统防空炮弹的数倍。日机几乎接近不了美军舰队，自己却在一天中损失了200多架，美机的损失只有23架。

由于击落日机过于轻松，美国飞行员后来将这次空战称为"马里亚纳猎火鸡"。

美国航空画"马里亚纳猎火鸡"表现的是自己的飞行员能轻松地击落日本零式战斗机。

6月19日空战时，日本舰队躲在美机作战半径之外，却因电子技术落后、声呐探测力差，因而遭到潜艇的沉重打击。美国潜艇在水下渗入了日舰编队发射鱼雷，新锐的"大凤"号和参加过袭击珍珠港的"翔鹤"号航空母舰都被击沉。

损失了多数舰载机和2艘最好航母的小泽三郎，仍寄希望于第二天的攻击。6月20日，剩下的100多架日机再度出击，在空战又损失了大

半飞机。此时美军第五十八特遣舰队加速向日方逼近，至下午相互距离已不到 300 海里，终于达到了攻击半径之内。下午 3 时以后，美机冒着返航时将会天黑的危险，起飞攻击日本舰队，炸沉了中型航空母舰"飞鹰"号，航母"隼鹰"、"龙凤"、"千代田"、"瑞鹤"和战列舰"伊势"、重巡洋舰"摩耶"都被炸伤。

日军感到幸运的是，遭受美机攻击后不久天色转黑，整个舰队匆忙利用夜幕掩护全速向本土逃走。在这一天空战和对舰轰炸中，美军只损失了 17 架飞机，返航时因天黑降落却坠海 80 架飞机，死亡了 49 名飞行员。

马里亚纳海战至此结束，美军只损失了 123 架飞机，阵亡了 76 名飞行员，却摧毁日机 400 架（包括随舰沉海者），并击沉日本 3 艘航空母舰，重创 4 艘航母、1 艘战列舰。这种完全"一边倒"的战果，显示出日本海军已完全不是美军的对手。此次海战消耗掉了日本残剩的绝大多数舰载机飞行员，保存下来的航母多成了没有战机的"裸舰"，注定了下一次莱特海战会成为日本帝国海军的末日。

美军占领塞班岛、关岛，获得轰炸日本列岛的基地

美日进行马里亚纳海战之前四天，美国陆海军已于 6 月 15 日向日军在马里亚纳群岛的防卫核心——塞班岛发起登陆战。参战部队有 2 个

海军陆战师、1个步兵师共 6.7 万人，有 1000 多架飞机掩护，7 艘战列舰以巨炮支援攻击。

美军登陆当天因侦察和火力不足，未能摧毁日军的多数火力点，在滩头遭到较强火力拦截。当晚美军上陆部队有 2 万余人，伤亡也达 2000 人。日军趁美军登陆场狭小和立足未稳，以 36 辆坦克掩护 1000 多步兵发起冲锋。美军以照明弹将夜空照得如同白昼，并召唤舰炮火力支援，击毙日军 700 余人，摧毁其大多数坦克。

第二天日出后，美军恢复进攻，日军见反击无效就依托山地工事坚

守。为减少伤亡，美军一遇到抵抗，便呼唤空、炮火力支援，并以喷火坦克消灭一个个据点，待对方火力沉寂后再前进，每天至多前进几百米。6月26日，美军攻下了最高山峰——塔格波查，日军分散到各阵地继续顽抗。7月6日，岛上日军的两名陆海军中将指挥官——第四十一师团长斋藤中将和中太平洋司令南云忠一中将（指挥袭击珍珠港和进攻中途岛的特遣舰队司令）向大本营发出诀别电后自杀。

7月7日凌晨4时，塞班岛上残余的5000日军集中起来进行了最后的决死攻击，军官挥舞军刀带头冲锋，士兵们拿着步枪、刺刀和棍棒跟随，头裹绷带、手拄拐棍的伤员也一瘸一拐地冲上来。美军一时猝不及防，只好将后方勤杂人员也投入战斗，天亮后终于将这次自杀冲锋粉碎。这一夜美军阵亡达400人，而日军遗尸达4300具，岛上有组织的抵抗到此结束。

7月9日，美军扫荡残敌推进到了塞班岛最北端的马皮角，在悬崖边看到骇人听闻的大规模自杀，有1000多日本平民跳海自尽，在悬崖下又发现成百名日本女学生和伤兵的尸体。据幸存者述说，日本军官要求岛上的平民都要自杀"效忠天皇"，士兵用刺刀逼着很多母亲抱着孩子跳下悬崖。当时哭声一片，有的母亲跪下恳求自己去死而留下孩子，也不被允许。美军逼近后一再通过翻译喊话，说明不会屠杀他们，高喊着"天皇万岁"的自杀却依然没有停止。

战后几十年来，塞班岛北边的"万岁崖"一直成为旅游胜地，日本游客为数又最多。不过各种人对此事有不同解释，右翼分子认为这体现

在塞班岛登陆时，美军用坦克登陆艇将谢尔曼坦克直接运到滩头，以坦克炮及时支援上岸步兵粉碎了日军的反击。

了"皇国精神"，持中间立场的人认为自杀者太愚蠢，进步人士则谴责日军逼迫平民自杀的残暴行为。

在塞班岛登陆战中，美军阵亡 3400 人，负伤 1.3 万人。日军有 4.1 万人阵亡，2000 人被俘，此外还有 2.2 万平民因战火或自杀丧生。

攻下塞班岛后，7 月 21 日美军在附近的关岛登陆，这里在战前是美国属地，珍珠港事件两天后被日军占领，此时岛上有刚从关东军调来的第二十九师团 2 万余人防守。美军吸取塞班岛作战经验，注重火力准备，并防备日军夜袭。日本官兵在此地抵抗同样疯狂，防线崩溃后便分散到各人洞穴和山林中。8 月 12 日美军宣布占领了全岛，随后还要派出带着猎犬的分队不断到山林"猎杀"日本兵。直至一年后的 1945 年 9 月，在得知日本投降的消息后，最后一支百余人的日军才下山投降。

据统计，在一个多月的攻占关岛的战斗中，美军阵亡 1435 人，伤

5648 人。日军遗尸 1.85 万具，被俘 1250 人。

　　美军攻占塞班岛后，该岛西南约 5 公里的提
尼安岛上还有 8000 余名日军。该岛面积不大，却
对塞班岛威胁很大，在这个岛上的大型机场还可
成为 B-29 轰炸日本本土的出发基地。7 月 24 日，
美军在塞班岛的火炮支援下在提尼安岛登陆，随
后采取白天进攻、夜间防御的战法，步步为营、
稳扎稳打，由北向南逐步推进。这个岛上多是开
阔的甘蔗田，没有险峻地形可供日军利用构筑工
事，美军进展较为顺利。8 月 1 日，美军宣布占领
了提尼安岛，此后几天时间里，虽有小股日军残
部进行自杀性的冲锋，却已经无力回天。

　　提尼安岛之战持续仅 9 天，美军阵亡 389 人，伤 1816 人，日军守
岛部队弃尸 5000 具以上，还有 252 人被俘，其余守军有的藏入丛林或
岩洞中，有的乘小艇逃往其他岛屿，直到战争结束后，还有日本残兵从
丛林中走出来投降。美军在此次登陆战伤亡小、时间快，被誉为"太平
洋战争中最成功的两栖登陆战"。

　　美军占领提尼安岛后，马上整修机场，建立了直接空袭日本本土的
主要基地，后来向日本投掷原子弹的 B-29 轰炸机也是在这里起飞。

TIME
THE WEEKLY NEWSMAGAZINE

JAPAN'S KOGA
Where is his fleet?
(World Battlefronts)

在太平洋战场连连败北时，接替山本五十六担任联合舰队司令的古贺峰一（美国《时代》杂志曾以他作为封面人物）在乘飞机逃往菲律宾途中于海上失踪，估计死于失事，日本海军就此又受到一次精神上的重大打击。

马里亚纳群岛的塞班岛被美军攻占，日本大本营规定的"绝对国防圈"在东面也被打开了内层而面临崩溃。天皇和重臣都指责东条内阁无能，陆军一些狂热分子甚至想采取暗杀。东条英机被迫于 7 月 18 日辞职后，因怕军部将其派到前线而隐居起来，皇族和重臣推举朝鲜总督小矶国昭大将担任了首相。

日本上层此时面对败局已定，仍希望"体面"结束战争。小矶和重臣们的想法，是以顽强抵抗迫使美国改变让日本投降的要求，保持原有"皇土"（这包括朝鲜和中国台湾）和"满洲国"，这种保留侵略成果的梦想只能招致更惨重的失败。

菲律宾、冲绳决战

第十章

1944 年秋天，美军反攻矛头直指菲律宾，主要目的是斩断日本从南洋获取石油和其他物资的通道。日本当局便集中海军主力和陆军精锐部队前来决战，结果使菲律宾战役成为日本军人在二次世界大战中丧命数量最多的一役。

攻下菲律宾、硫黄岛和冲绳打破日本国门

　　1944年秋天，美军反攻矛头直指菲律宾，主要目的是斩断日本从南洋获取石油和其他物资的通道。有人提出进攻中国台湾也可达到这一目的，太平洋战区的陆军总司令麦克阿瑟却坚持进攻菲律宾，声称美国过去统治那里几十年熟悉地形和民情，其实也是为自己两年多前逃出那里雪耻。罗斯福考虑到美国不熟悉中国台湾情况，同意进攻菲律宾。日本当局也判定了美军的进攻目标，认为这会使国内"断油"，便集中海军主力和陆军精锐部队前来决战，结果使菲律宾战役成为日本军人在二次世界大战中丧命数量最多的一役。接着，美军在硫黄岛和冲绳岛进行了登陆战，通过这两场每前进一步都要浴血奋战的激战，最终打开了日本本土外围的"国门"。

1945年美军以"越岛战术"日益逼近日本的本土，这张在硫黄岛登陆并插上美国国旗的油画表现了攻岛战的激烈。

帝国海军拼出老本，最后溃败于莱特海战

　　1944年9月，美军以"越岛战术"在菲律宾东面的帛琉群岛登陆。日本海军联合舰队新任司令官丰田副武大将当时就说，假如失去菲律宾，南方航线将被切断，即使南方的舰队能全师返回本土，也得不到燃料供

应。如果它继续留在新加坡，将得不到北方的弹药供应。面对两难处境，丰田副武向大本营提出必须放手一搏，否则舰队存在也没有意义。

日本新任首相小矶国昭陆军大将和其他重臣也持同样看法，大本营于是决定从关东军、北支那方面军调精锐部队到菲律宾。小矶国昭还宣布，将在菲律宾的莱特岛进行决战，这相当于16世纪丰臣秀吉取得决定性胜利的"天王山之战"。

从9月起，日本集中残存船舶向菲律宾大量运兵，虽然途中有不少被美军潜艇击沉，但绝大多数兵员能够到达。不过许多官兵是沉船时搭乘小艇上岸，随身的武器和物资大都丧失。在牡丹江担任关东军第一方

美军潜艇袭击日军运输船的画面，表现了当时缺乏反潜能力的日本向南洋运输兵员和武器已非常困难。

日军大型运输船在菲律宾群岛间运输损失惨重，改用中小型舰只实行夜间接力式转运，美军便以吨位小、行动便捷的鱼雷艇实施夜晚攻击。

面军司令官号称"马来之虎"的山下奉文大将，也被调任在菲律宾新建立的第十四方面军司令官。他路过东京时入宫觐见，天皇就对他说："帝国安危重任，皆落于驻菲部队肩上。"

10月17日，美军在莱特湾登陆，当天上岸就超过10万人，为数18万人的后续部队接着也陆续上岸。得知美军登陆，日本海军躲在本土和新加坡的舰只差不多倾巢而出，10月23日至10月26日进行了太平洋战争中最大、也是最后一场海上决战，史称莱特海战。

日本海军这次出动77艘军舰，总吨位66万吨，其中包括4艘航空母舰、2艘由战列舰改成的"半航空母舰"（"日向"、"伊势"号），还有5艘战列舰，包括世界上吨位最大的"大和"、"武藏"号，有500架飞机做掩护。

美军出动的舰艇数量却占了绝对优势，有170艘军舰，总吨位150万吨，其中有16艘航空母舰、6艘战列舰，另外美军有1500架以上的飞机参战。

以双方舰、机的数量相比，日军已处于劣势，论质量相差则更悬殊。日军航空母舰的舰载机飞行员几乎损失殆尽，新飞行员又因缺油培养不出多少，甲板空荡荡的航母主要担负"诱敌"任务，想以自我牺牲吸引美军主力，以便战列舰编队乘虚而入用巨炮攻击莱特湾登陆场的美国运输舰。

这种在丧失制空权的情况下实施海上决战，日军毫无胜利希望。虽然日本的零式战斗机从陆地机场起飞出击，其性能已不能对抗美机，飞

✍ 两年前在马来亚作战中有"马来虎"之称的山下奉文，于1944年秋从满洲调任管辖驻菲律宾的日军第十四方面军的司令官。他此时早对战胜丧失希望，临行前同伪满"皇帝"溥仪告别时便说了心里话："这是最后的永别，此行是不会回来了。"

✍ 为拼死一搏，日本联合舰队令珍藏的两艘最大战列舰、排水量各为6万多吨的"大和"和"武藏"号都出动参加了莱特海战。

行员又多是新手，同美机交锋只能在空中受宰杀。日军舰队在没有空中掩护的情况下分三路向美军出击后，首先便遭受潜艇和飞机猛烈攻击。

下水后一直珍藏不用的"武藏"号此次刚上战场，便遭到上百架美机9个小时轮番进攻。尽管它拼命组织对空射击，仍然中了20枚鱼雷和17枚高爆炸弹，最终沉入海底。"大和"号和其他几艘日舰撤退后，又意外地突然返航，终于接近了美军在莱特岛的登陆场。不过这批日舰只在海外射击了几排炮，轰击了美军护航航空母舰编队，随后就因遭到空袭而放弃难得的战机迅速逃走，说明已丧失了决战勇气。

日军袭击珍珠港的航母中唯一剩下的"瑞鹤"号此次参加了"诱敌"舰队，它在北逃时也被美机炸沉，从此日本事实上已没有航母可出海参战。

经过三天大海战，日军被击沉3艘战列舰、4艘航空母舰、6艘重巡洋舰，总吨位30万吨。美国只损失3艘轻型护航航空母舰、3艘驱逐舰，总吨位不过3.7万吨。剩余的日舰逃往本土和新加坡，后来又大都被炸沉在港内。

此时任日本海军大臣的米内光政（四年前短期任过首相）得知海战结果，只讲了一句话——"我觉得这就是终结"。

日军将"伊势"级战列舰的两艘"伊势"、"日向"号拆除后炮塔铺上飞机甲板，改装成"半航母"，有识者都认为是荒谬之举。其甲板太短只能起飞不能降落飞机（且只装23架飞机），前面两个炮塔火力又不够。该型舰改装后不伦不类，既不能作为航母也不能有效实施炮战，在海战中根本发挥不了作用。

在莱特海战中，日本航母已没有多少舰载机，在美机打击下几乎无还手之力。

曾经不可一世的日本联合舰队，此后只相当于一个名词存在，美国海军几乎无障碍地主宰了海面，可以随意攻击日本占据的任何岛屿。

日军在吕宋岛分兵防守，40万大军陷入病饿绝境

美军陆军第八集团军的 28 万人全部登上莱特岛后，以稳扎稳进方式向守岛日军进攻。岛上日军部队虽有精锐的第一师团、第二十六师团和进行过南京大屠杀的第十六师团，总兵力不过 8.4 万人，只有 2 个战车（坦克）中队配合。

表现美国工兵能力的宣传画——"我们能清理出道路"，说明登陆后能迅速保障部队向菲律宾内地推进。

美军上岸后，轻易击毁了 30 辆日军的九七式中型、九五式轻型和特二式"内火艇"水陆坦克。日本丧失了海空支援和战车，只好采取白天掘壕防守，晚间实施反击。美军在白天以飞机、舰炮和坦克掩护步兵攻击，天黑便转入防御，遇袭击时发射照明弹引导火力压制。莱特岛上的日军起初顽强防御，战斗在一个多月内打成胶着状态，美军于 12 月初又在莱特岛日军后方再次登陆，使其前后受敌防线崩溃。日军最后发动的自杀式冲锋也遭粉碎，残部约 8000 人逃入山林。

12 月 25 日，美军宣布结束了莱特岛战役，自身付出 1.5 万人伤亡的代价，共击毙日军 7.5 万人，俘虏 1000 余人。对躲入山林的 1 万多日军，美军为减少自身作战伤亡不采取搜剿，那些日本残兵败将也不敢出击，靠抢劫居民或采集野果为生。这批日军大多病饿而亡，至 1945 年夏天得知国家战败，只剩不足 2000 人下山投降。

莱特战役惨败后，日本首相小矶国昭向国民宣布"决战正从莱特岛向吕宋转移"。多数日本人也能猜出真相，见面只是讽刺说："听说没有败，只是天王山移动了。"这一风靡日本的笑话，说明老百姓已不再

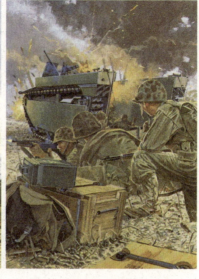

相信政府的虚假宣传。

驻守菲律宾最大的吕宋岛上的日军第十四方面军主力达 40 万人，山下奉文和参谋长武藤章（系战后被处决的七名甲级战犯中唯一的中将）认为同拥有海空优势的美军在滩头决战，会被一举歼灭，于是决定将全军分成三个集团分散到山区"独立作战，永久抗战"。

1945 年 1 月 9 日，美军在吕宋岛登陆，山下奉文下令撤出马尼拉进入山区，还分兵到处开垦农田。驻守马尼拉的 2 万余人的海军部队却仍在 2 月间坚守了一个月，同美军逐个街道争夺，直至全部被歼。

日军在马尼拉作困兽斗时，又以垂死前的疯狂屠杀平民，强暴上万妇女。战斗结束时的统计，共有 12.5 万平民丧生，其中除少数为美军炮火误伤外，绝大多数死于日军之手，被称作"东方明珠"的菲律宾首都变成到处是死尸的废墟。这场"马尼拉大屠杀"，后来与南京大屠杀并列为日军战时的最大暴行。

美军登陆吕宋岛后，首

1945 年 1 月美军在菲律宾最大的吕宋岛登陆后，日军坦克因大多已无油料，只能作为固定火力点来顽抗。

美军逼近马尼拉市郊时，担心日军会杀害监狱中关押的己方战俘和侨民，抢先派突击部队突袭监狱，这是表现这一行动的油画。

先控制主要城市，对山区日军不忙于攻击而实施封锁，再逐个击破。日军想转移到山区持久坚持，很快暴露出是一个愚蠢的做法。

世界战争史证明，想在山区坚持游击战并实行耕战结合，必须有当地民众支持。菲律宾民众普遍痛恨日本侵略者，当地还组织起不少游击队配合美军作战。游击队中力量最大的是菲律宾共产党建立的"人民抗日军"（简称"民抗军"），其中作战最勇敢的又是华侨组织的"四八支队"（学习新四军、八路军之意）。游击队不仅不断实施袭击，还为美军侦察日军仓库和指挥机构并引导轰炸，山下奉文指示建立的屯粮、屯兵基地和种植的田地很快都遭到破坏。

美军占领马尼拉等城市后，日军退入山区，美军在山区又进行了近半年的扫荡清剿作战，以下是表现美军在山区作战的画面。

进入春季之后，吕宋岛上的三个日军集团相互失去联系，指挥系统大多瘫痪，弹药也失去供应。在美军逐步进逼下，日军混乱不堪地丢弃了原来驻守的各村镇，分散逃入山林，结果因受饥饿疾病困扰大多失去战斗力。据估计，当时日本兵有一人战死，就会有十人饿死、病死，不少部队内出现了人相食现象。尤其是那些平时欺压士兵的军官，经常被下属在夜间杀掉，而且连脚皮都被吃个精光。

1945 年 7 月间，美军宣称已经控制了

菲律宾所有城镇和交通线，只剩山区少数残余日军还未肃清。8月初，困在吕宋岛北部山林中的日军第十四方面军司令部估算，存粮只能吃到9月初，届时最高长官自杀，其他人突围寻食。不久日本投降的消息传来，山下奉文率几千名残兵下山，并传令在菲律宾各地残剩的13万日军和随军人员投降。

表现美37步兵师在菲律宾首都马尼拉城内同日军激战的油画。

菲律宾群岛日军部署很分散，有少数失去联系的日本官兵未得到或不相信投降命令，仍在山区靠劫掠生存。直至1974年，还有一个名叫小野田宽郎的少尉得到老上司命令才下山投降，他在山区足足顽抗了29年。

据战后统计，日军在菲律宾群岛及附近海域死亡军人共49万，加上"军属"总共死亡51万人。美军登陆菲律宾伤亡为7.2万人，其中战死不过1.4万人。

据菲律宾政府战后统计，被日军屠杀的国民达110万人，占当时人口的3%。不过令人奇怪的是，几十年后的菲境内到处可见日本人修建的神社和慰灵碑，抗日纪念碑却很

1974年3月10日清晨，身穿半旧日本军服的小野田到达卢邦岛警察局，他向人们深深地鞠了一躬后，郑重地把步枪放到地上。

少。究其原因，主要是 50 年代以后经美国撮合，日本同菲律宾建立了战略合作关系，日本对菲长期给予经援，众多菲劳工和女佣赴日打工。另外在日本统治时，菲律宾大地主、大商人和天主教会曾附逆与侵略者合作，战后这些人继续在国内掌权而未受清算，菲共领导的"民抗军"却受到镇压。受日本严重蹂躏的菲律宾竟有严重的亲日情绪，恰恰出于这些原因。

反映马尼拉大屠杀的雕塑。

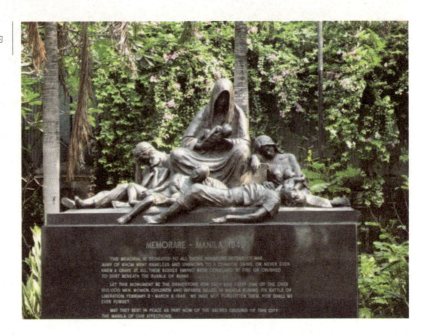

进攻硫黄岛成为太平洋上最残酷、艰巨的登陆战

美军进攻菲律宾的同时，于 1945 年 2 月进攻距东京 1200 公里的硫黄岛。在这个面积仅 20 平方公里的火山岛上，预定 5 天结束的战斗竟拖延了 36 天。

硫黄岛长约 8 公里，宽约 4 公里，形状酷似火腿，因南部有一座尚未完全冷却的死火山折钵山终年喷发着雾气，硫黄味弥漫全岛，因而得此名。这个小岛位于东京与美军刚攻占的塞班岛、关岛的中间位置。美军从马里亚纳群岛机场出动 B-29 重型轰炸机空袭日本，因航程太远需要多载油，只能携带 3 吨炸弹，战斗机又无法全程护航，损失大而战果小。硫黄岛上的日军除了向东京提供早期预警，还不断出动飞机攻击美军在

硫黄岛战役

图例
美军登陆地段
2月19日美军进攻
2月20日—3月6日
美军进攻
3月7日—3月26日美军进攻

塞班岛等地的机场，对美军简直是如鲠在喉。

日军看出美军想要攻击硫黄岛，在这个过去的荒岛上部署了 2.3 万部队，由第一〇九师团的师团长栗林忠道中将指挥。此人吸取了此前抵抗登陆的教训，避免搞滩头反击，强调利用暗火力点杀伤对手。日军主要凭借折钵山和元山有利地形，大挖地下工事，将火炮和通信网络都隐蔽到里面。事后美军惊讶地发现，折钵山几乎被掏空，坑道达九层之多！

从 1944 年 10 月至 1945 年 2 月初，美军不断以飞机、舰炮轰击硫黄岛，消耗弹药达 2.4 万吨，日军躲入地下工事损失轻微，隐蔽火力点被毁不到 20%。

1945 年 2 月 19 日，在 7 艘战列舰、4 艘重巡洋舰的火力支援下，美军海军陆战队三个师近 7 万人在硫黄岛登陆，上岸的第一批部队马上遭受早已测好射击诸元的日军暗火力点袭击，当天便伤亡 2400 人。美军坦克上岛后，大都陷入火山灰动弹不得，只好以舰炮火力支援步兵攻击，一步步向前推进。由于日军很多工事都建在舰炮火力无法射中的岩洞中，美军只好以手榴弹、炸药包、火焰喷射器逐一消灭，有时出动推土机将洞口封闭。这样的推进简直像蜗牛爬行，一般每天只前进 300 米，有时一整天只前进 4 米，还要付出重大伤亡。

美军毕竟有强大的火力，陆战队员也表现出勇敢精神。经四天血战，2 月 23 日 10 时，陆战第五

硫黄岛全景照片，制高点为折钵山。

美军实施硫黄岛登陆作战示意图。

硫黄岛突击组用 M2 火焰喷射器。右为 M1A1 火箭筒。

师终于攻上全岛制高点折钵山的山顶，升起了美国国旗。

"星条旗插上硫黄岛"，使全岛和海面上的美军看到都兴奋不已。折钵山下层和岛上其他地区的日军却继续顽抗，使战斗成为不折不扣的"绞肉机"，美军战斗连队中的伤亡普遍高达 50% 以上。

岛上日军得不到任何外援，在阴暗的坑道和地堡中久战，弹药也快

MAJOR GENERAL HOLLAND M. SMITH, U.S.M.C.
In the Pacific atolls professionals die, professionals are made.

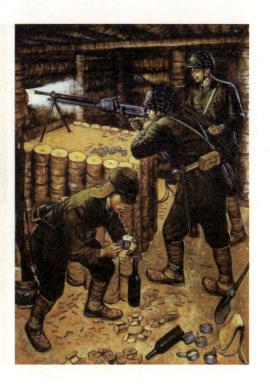

消耗殆尽，有少数丧失意志者陆续出来投降。看到覆没将至，3 月 26 日凌晨，栗林忠道亲自率领约 350 名日军向美军发起了最后突袭，天亮后被美军组织扫荡追杀殆尽，栗林本人下落不明，估计已自杀。

此次硫黄岛之战，日军阵亡共 2.23 万人，被俘 1083 人（基本系最后投降者）。美军阵亡 6821 人，伤 21865 人，伤亡共计 2.86 万人。美军拥有绝对优势的兵力火力，付出的伤亡比日军还多，这是在太平洋战争中实施登陆战中仅有的一例。

硫黄岛日本守军在没有海空支援和增援补给的情况下，以地面部队凭借坚固而隐蔽的工事顽抗，导致美军付出了惨重的人员伤亡。单纯从抗登陆战的角度来看，这一仗在世界战争史上确是一个值得研究的重要战例。

美军占领硫黄岛后，认为付出的代价还是值得的。B-29 轰炸机能够在这个岛上加油、装弹，轰炸日本时载弹量就能提升到 6~7 吨。从硫黄岛起飞的 P-51 战斗机为 B-29 护航，受损和发生故障的战机又能到此紧急降落维修，这又大大减少了飞机和宝贵的空勤人员的损失。

了解到硫黄岛上激战的残酷，美国最高层受到震动，认为如登陆日

美国《时代》周刊中的封面人物霍兰·史密斯中将，他指挥第五军由海军陆战队第三、第四、第五师组成，都参加了硫黄岛之战。

日军事先在硫黄岛内完成了工事地下化，画中表现的是日本兵在暗堡中向外射击。

本也会受到疯狂抵抗,因而希望尽快让苏联参战,并加强原子弹的研制准备投入使用。

美军攻下冲绳岛,踢破日本"国门"

美军登陆菲律宾取得决定性胜利,又攻下硫黄岛,接着把进攻矛头指向冲绳岛,准备夺取当地后以建立近距离支援攻击日本本土的海空基地。日本当局也将冲绳当作"国门",此次战役就被称作"破门之战"。

日军在冲绳作战时的形象,左为手持百式冲锋枪的牛岛特遣队少尉,中为手持扫帚形爆破杆的士兵(这种爆破杆靠直接撞击坦克或登陆艇引爆,属自杀式武器),右为中国台湾籍日军组成的高砂义勇队。

冲绳岛是琉球群岛的主岛,当时被日本划为冲绳县。其实琉球群岛在 19 世纪 70 年代前是一个独立王国,向中国称臣纳贡,日本明治维新后将其吞并,并在文化习俗上将岛上居民日本化。不过"琉球人"在日本属于二等国民,只比"归化人"(中国台湾人)、"朝鲜人"高一些。琉球兵的斗志通常比不上本土兵,因此守岛的日军有三分之二以上

还是本州、九州、四国和北海道人。

日军守卫冲绳岛的主力是第三十二军，连同附属部队和海军总兵力近 10 万人。美军攻岛的陆军即达 45 万人，连同海军总兵力达 58 万人，还有舰艇 1500 余艘、飞机 2500 架支援（其中包括一支有 4 艘航空母舰的英国分遣舰队）。日本在九州的机场距冲绳不过 400 余公里，却因缺乏战机的油料和训练好的飞行员，主要靠"神风特攻队"向美军实施自杀式攻击以支援岛上守军。

1945 年 4 月 1 日，美军在海空火力掩护下登陆冲绳，上岸之初却意外地没有遇到多少抵抗。日军吸取了此前抗登陆作战的教训，为避免在海岸遭受舰炮火力打击，只以少量部队在滩头抗击，主力撤到岛内纵深利用坑道和反斜面阵地持久作战，主要采取突然接敌的近战和小分队夜间出击。美军进入岛内山地后，马上便感到进展异常艰难，一个村落、一个小镇都要进行激战。

被日本自杀机击中的美军"圣洛"号轻型护航航母，该舰不久后沉没。当时吨位较大的航母和其他主力战舰因防护严密较少被撞，受"神风"攻击受伤后也不会沉没。

表现美机返回已遭特攻机撞击的己方航母的画面。

✐ 美军在冲绳岛登陆时遇到一些零星抵抗，部队还是比较顺利地登陆成功，伤亡不大。

✐ 冲绳战役中阵亡的美第十集团军司令巴克纳中将，他是美国在二战中阵亡的军衔最高的指挥官。

TIME
THE WEEKLY NEWSMAGAZINE

TENTH ARMY'S BUCKNER
In my language, Okinawa spells down.
(World Battlefront)

此时美军拥有绝对优势兵力和火力，却暴露出顾忌伤亡，战术呆板和畏惧夜战的弱点。由于冲绳岛上地形复杂，美军经常遭到暗火力点和突然跃出的日军突袭，伤亡不小，如第十集团军的巴纳克中将司令在前沿视察时便被突然袭来的炮弹命中身亡。不过岛上日军弹药越打越少，最后陷入绝境。6 月 22 日，美军突破日军在南部的最后防线，次日凌晨日军第三十二军司令官牛岛满及参谋长长勇自杀，全岛被美军占领，只是对日本残兵的扫荡还持续到战争结束。

为时 82 天的冲绳岛上的攻防战期间，日军出动了新产的 4 式"疾风"战斗机。不过日军飞行员训练时间太短，油料又低劣（包括使用松节油），在空战中迅速被美机压倒。以驾机撞击美舰的"神风特攻队"，此时充当了攻击美军的主角，一共出动了 2393 架。那些头系白布条的年轻飞行员以"一去不复返"的要求，实施了战史上规模最大的自杀式空中攻击。

由于美机的拦截和舰上高炮火力密集，加上"神风"飞机简陋以及自杀飞行员多系不太熟悉驾驶的新手，在冲绳战役期间真正撞上美舰的不过 200 余架，只造成美军 15 艘舰沉没，航空母舰只有 1 艘受重伤，美国海军有 4000 多人死亡。这种自杀式攻击对战局未产生

在冲绳岛登陆成功
后，美军以谢尔曼中
型坦克为先导，向岛
内纵深突击。

太大影响，只是使美国舰艇人员精神高度紧张。

冲绳战役是第二次世界大战中最激烈的岛屿登陆战之一，美军付出5万人战斗伤亡的代价（其中阵亡1.3万人）终于取得胜利。此役日军死亡9万人，被俘7455人，战役结束时又有1700人集体投降（其中包括中队长一级的军官）。另外，冲绳岛外一些小岛上的日本驻军也向美军打招呼，只要不攻击他们就绝不主动开枪开炮，甚至表示可以商议投降条件。这些前所未见的现象，说明日军战斗意志日益走向瓦解，"战至最后一兵一卒"、"总玉碎"的叫嚣不会真成为现实。

冲绳作战时，岛上居民死亡约15万人，占全岛人口的三分之一左右。这些人除死于美军炮火，有很多是被日军根据"国民不得当俘虏"的命令强迫自杀或直接杀死。许多冲绳人为此一直谴责日本政府，在该县博物馆内至今仍有一件雕塑作品形象地描绘当年日军士兵恶狠狠地用刺刀逼着7个冲绳人自杀的情形。雕塑上面还刻着"日本士兵屠杀平民，强迫他们杀死对方，然后自杀"的字样。琉球群岛在日本统治下虽然生活

冲绳岛内纵深的战斗非常激烈，当时美军表彰的一个英雄人物是一级医务见习生罗伯特·尤金·布什，他在1945年5月2日的战斗中救护伤员时遇敌反扑，以手枪打退日本兵。

水平提高，却长期存在分离情绪，除了当年的吞并的旧账，便是冲绳之战留下的积怨。

"大和"号战列舰沉没成为"帝国海军"末日

冲绳激战时，日本航空兵以"特攻"对抗美军，海军舰艇部队也被要求有所作为。此时，排水量 6.4 万吨的世界上最大的战列舰作为联合舰队旗舰停泊在广岛附近的吴港（亦称柱岛基地），经常遭受美军空袭。日本海军高层感到，与其停在港内最后被美机炸沉，还不如拼死一搏，有可能让美军付出巨大代价。

从 1913 年到 1942 年的 29 年里，日本海军共建成战列舰 12 艘，"大和"号及其同级的"武藏"号舰龄最短（1941 年建成），排水量最大，火力最强，被誉为"不沉之舰"。迷信大舰巨炮制胜论的日本海军过去对它期望值很大，在战争中很少动用，结果"武藏"号未战先沉，"大和"号也未发挥什么作用。此时日本当局叫嚷"一亿总特攻"，也决定让以本民族命名的军舰做一个表率。

冲绳之战开始后，"大和"号便接到"特攻"命令，只带单程燃料出航。它从九州海域出发后，计划冲到美军在冲绳的登陆场外，用457毫米口径巨炮摧毁美军登陆舰，然后抢滩让人员拿起步枪上岸。明眼人都看到，美国掌握绝对制空权，没有战机掩护的"大和"接近不了冲绳，日本军方头目对此却全然不顾。

1945年4月7日天亮后，"大和"号率轻巡洋舰"矢矧"号及8艘驱逐舰离开九州海面向冲绳驶去，马上被美国飞机和潜艇发现。中午12时以后，从航空母舰上起飞的300多架美机相继飞到，在两小时内对"大和"号轮番实施攻击。

此时"大和"号上已装配了24门127毫米和152门25毫米高炮，能以密集火力对空射击，却因高炮射击指挥系统落后，加之来袭飞机太多，无法挡住攻击。下午14时，"大和"号因中了10枚鱼雷和千磅航弹7枚，翻沉于入九州坊之岬附近的海中，率舰出击的伊藤整一海军中将和下属2500名官兵随之葬身鱼腹。

"大和"号这个"日本海军的象征"葬身海底，其实标志着帝国海军从明治建军起的70余年历史宣告结束。此后几个月，日军躲在港内的残余大型战舰除了7800吨的老式轻型航空母舰"凤翔"号之外，全部被美机炸沉或炸残。一个岛国失去了舰队，等于失去了防护力，只有坐等着挨打并被别国扼住命门。

美国对日轰炸

第十一章

太平洋战争进行到 1945 年初，日本已陷入绝境却仍在顽抗，美国当局为争取尽快取胜并减少自身损失，一面以中国权益做交易拉苏联参战，一面对日本本土展开轰炸封锁。

封锁、轰炸日本的"饥饿战役"

太平洋战争进行到 1945 年初，日本已陷入绝境却仍在顽抗，美国当局为争取尽快取胜并减少自身损失，一面以中国权益做交易拉苏联参战，一面对日本本土展开轰炸封锁。天皇裕仁等日本政要此时仍想"体面讲和"，军部也疯狂驱使官兵进行自杀式攻击，这就使昔日高呼"皇国必胜"的老百姓深受战祸之灾。

美国自 1944 年秋季起，开始对日本实施战略轰炸。这幅油画表现的是"超级空中堡垒"B-29 巨型轰炸机突破日机拦截实施轰炸的典型场面。

面对绝望的形势，日本当局垂死挣扎采取了"特攻"战术，用飞机进行撞击的"神风"特攻队又是其重点，这幅画便描绘了自杀机在撞击美国航空母舰。

美国在雅尔塔慷中国之慨，满足苏联参战条件

从 1944 年春天至 1945 年初，世界反法西斯战争各战场大都节节胜利，中国正面战场却出现大败。日本见联络南洋的海上运输线面临被切断，急于打通纵贯中国南北铁路的"大陆交通线"并摧毁在华美军机场，为此从 1944 年 4 月开始集中了 51 万部队，实施了陆军史上规模最大的进攻——"一号作战"。

遭受到已是强弩之末的日军进攻，中国正面战场的国民党军队因腐朽无能，首先在河南惨败，随后湖南、广西战线也出现崩溃，日军在 11 月间一直攻到贵州并引起重庆震动。同年 12 月，攻入广西的日军同越南的日军会合。1945 年 1 月，日军以广东和湖南的部队南北夹攻，又打通了粤汉铁路。与此同时，日军还攻占了中美空军 7 个地面基地和 36 个机场。

日军虽然将"釜山—新加坡"的"大陆交通线"完全打通，却因美

在 1944 年春夏之交向河南的进攻中，日军调动了其在大陆唯一的一个战车（坦克）师团。

机轰炸、中国游击队的破坏以及日军铁路抢修能力不足，这条计划的"大东亚铁路"不能通车。加之美军在对马海峡实施布雷，日本从本土接通南洋的计划已无法实现。

1945 年初，日本海军舰艇丧失大半，陆军主力仍大部完整且并准备本土决战。美国首脑看到日军岛屿战中的"玉碎"精神，认为这些东洋武士并没有西欧军人见形势绝望即放下武器的传统，若在日本登陆可能付出 100 万人伤亡。此外，日本即使本土受攻击，还准备依托满洲、中国关内和印度支那半岛持久作战。罗斯福总统又感到蒋介石政权极其无能，中国战场有崩溃的危险，急于拉苏联从日军的后方进攻满洲、华北以粉碎其战略布局。

在日军打通"大陆交通线"的攻势中，美军驻华的第十四航空队（由原来的"飞虎队"扩编）和中国空军已经掌握了制空权，这幅表现美中战机有力打击日机的画面是当时的现实情况。中美联合空军迫使日军的不少行军和运输转入夜间，不过国民党军地面部队仍节节败退，仅靠空中优势仍不能扭转战局。

在 1944 年秋至 1945年初国民党军的大败退中，日军夺取了华南的 7 个空军基地，这是美国驻华航空队和中国空军不得不从广西向西南转移的情形，吉普车前指着地图的人为陈纳德。

出于研究如何最后结束战争和战后利益分配问题，1945 年 2 月 4 日至 11 日反法西斯联盟三巨头即斯大林、罗斯福、丘吉尔到达苏联克里米亚半岛上的雅尔塔，在前沙皇避暑行宫里举行了历史性会议。三巨头讨论了战后如何处置德国和划分欧洲势力范围后，美苏两国首脑又重点讨论了亚洲问题，英国对远东的态度只是附和美国。

在雅尔塔会议上，罗斯福自作主张地以牺牲中国权益为条件，换取斯大林同意对日开战。三方议定，苏军结束对德战争两至三个月即参加远东战争，美国同意把库页岛（苏联称为"萨哈林岛"）南部、千岛群岛交给苏联，还允许苏联恢复沙俄时在东北的特权，即租借旅顺、大连和使用中长铁路，同时让外蒙古"维持现状"。这一交易达成后，美国又强迫国民党方面前去谈判签订中苏条约，接受苏联的要求。

苏联出兵对日本作战，对中国是很大的帮助。斯大林要"恢复"帝俄在东北的特权，则是大国沙文主义行径，是从十月革命后苏俄政府对华原则立场上的倒退。中国作为一个主权国家，完全可以对背着自己达成的交易不予承认，媚从美国的蒋介石政权却也不惜以中国主权做交易，在苏联保证交还东北并不支持中共的条件下，同意外蒙古独立。

斯大林此时的行为，既有愧于过去宣传的支援被压迫民族的政治道义，又是一种战略短视行为。他没有料到，几年后中国革命便取得胜利，苏联只好交还旅顺、大连和中长铁路权益，国民党出让的权益又被坚持独立自主的中国共产党收回。斯大林在雅尔塔协定的要求除对千岛、外蒙古如愿外，其他条款很快都作废。

回顾发生在 20 世纪两次世界大战，中国虽均为战胜国，领土和权益却都成了盟国的刀俎之肉。其关键原因是国家落后，人口第一大国的工业产值还比不上葡萄牙这样的小国。在现代国际秩序中，起决定因素的总是金钱和武力。

美国在雅尔塔协定中让给苏联部分利益，并划分势力范围，实际上也是对斯大林的一种束缚，让他在战后不要染指日本和中国关内，而由美国独自控制。

"三九大轰炸"成为东京人永久的噩梦

对敌国实施战略轰炸，摧毁其工业潜力乃至民生设施，是美国自二次大战起迫使对手屈服的主要手段。从 1942 年开始，美国便同英国一起轰炸德国，对日本却因鞭长莫及，同年 4 月进行的"东京上空 30 秒"空袭仅起到精神威胁作用。

1943 年美国制订了轰炸日本计划，预定从中国四川起飞，为此国民政府动员了几十万民工修筑了机场。1944 年 6 月 15 日，47 架 B-29 轰炸机从成都起飞，受飞行半径所限只到达日本九州轰炸了八幡钢铁厂，在投弹量不大精度又差的情况下未造成太大破坏。不久，美军夺取了马里亚纳群岛，自 11 月起从那里以轰炸机空袭东京。由于要躲避日军战

美国《时代》周刊将战略航空军司令卡尔·斯帕兹（Carl Spaatz）陆军中将当作封面人物。1943 年末，美国陆军的战略航空军在欧洲成立时他担任司令（此时美国航空兵分属陆海军而没有独立的空军，战略航空军归陆军建制），负责组织对德国、日本的战略轰炸，即摧毁其国土上的战争潜力。

鉴于白天实施轰炸损失大且战果有限，美军李梅将军提出夜间"火攻日本"的方案，这是他提升为上将后的照片。

1944年开始，美军将轰炸日本本土的战略任务付诸实施。轰炸任务的主角就是最新投入服役的 B-29 "超级空中堡垒"重型轰炸机，载弹量可达7吨。

斗机拦截和高炮射击，B-29 轰炸机上升到 1 万米高空投弹，只有 10% 的炸弹能命中目标，对日本生产能力未产生太大破坏。

1945 年 1 月底，美军第二十一轰炸机集团指挥官李梅分管了对日战略轰炸，总结经验后决定改变高空投弹战术。他发现日本武器的零部件都由居民区的小作坊生产，最后由工厂组装，而居民区住房密集且多为木结构，如大量投掷燃烧弹并有大风天气，就可形成难以扑灭的大火灾。

3 月 9 日，李梅下令开始执行"火烧东京"计划。鉴于日本战斗机缺乏夜战设备拦截困难，他让 325 架 B-29 轰炸机卸下除尾炮以外的所有武器，全部携带燃烧弹，载弹量从 3 吨增加到 7 吨，以小编队多方向进入东京靠雷达指引轰炸。

据老一代东京市民回忆，这个当时有 500 万人口的大城市在 3 月 9 日午夜遇到了恐怖程度不亚于关东大地震的灾难。空袭警报响起后，市民认为敌机在黑暗中投弹炸不中目标，大多留在家中，没有想到多达 50 万枚重 7 公斤的小燃烧弹雨点般的从空而降。这种"火攻"对有完善消防措施且有钢筋混凝土结构的官府大楼和大工厂效果有限，遭殃的是居民区。日本百姓无法扑灭凝固汽油弹在木房上引发的烈焰，只好扶老携幼奔逃，跑不动的人和被烟呛昏的人又不断倒下。

美机投下刚成的凝固汽油燃烧弹，只适合用沙土而难以用水扑灭。当夜投下的燃烧弹多达 2000 吨，东京恰好刮起强劲的西北风，一些街区形成"火爆"即温度高达上千度。不少市民受不了灼烤，跳入市内的河中，没想到河水也被烧得沸腾起来，第二天早上漂满了煮熟的尸体。

3月10日天亮时,东京四分之一的区域即40平方公里被烧成青烟缭绕的平地,26万幢房屋付之一炬,刮大风时迷眼的不是沙子而是人的骨灰。随后市内发现8.3万具尸体,若再算上不少葬身于废墟之下的失踪人员,估计当夜有10万人被烧死,还有10万人被烧伤,这是战争史上轰炸造成人员伤亡最多的一次。

1923年世界各大国同意的国际空战规则,曾规定禁止轰炸平民区。1931年九一八事变后的10月8日,日军便违反本国政府承诺遵守的国际规则,以11架飞机空袭锦州居民区和学校,开创了无差别轰炸的野蛮先例,此后又肆意轰炸平民以实施恫吓。结果恶有恶报,日本人最终尝到先前加在别国头上的恐怖。

火攻东京后第二天,317架B-29轰炸机又夜袭名古屋,这个设有制造零式战斗机的三菱公司的城市中心区火焰腾飞。3月13日,日本第

二大城市大阪也遭到了 300 架 B-29 的轰炸，落下 1700 吨燃烧弹，约 20 平方公里的市区在 3 小时内被焚毁。3 月 16 日，美军又火攻了神户，导致近半居民区被烧毁。

这些城市遭受"火攻"时，已吸取了东京"三九大轰炸"的教训，事先组织了居民疏散，市内又设立了避火区，被烧死的人数大大减少。此后美军空袭范围不断扩大，到同年 7 月向日本投弹共 16 万吨，其中有 10 万吨以上是燃烧弹，其余炸弹又多投向铁路枢纽和港口以破坏运输系统。

战后美军的调查发现，大量投下的燃烧弹主要适合于烧毁百姓住的木房，日本几个主要大城市的居民区约一半被焚烧。不过城市中有 850 万人逃到乡下，导致许多工厂无人上班，大量小作坊也被烧掉，这都导致生产链中断，基本达到了破坏日本军工生产和经济生活的战略目标。

这幅画表现的是 1945 年 2 月 19 日的空战情形，一群正接近日本本土的 B-29 遭到大批日本"钟馗"战斗机的拦截，共有 10 架 B-29 被击落。

以水雷打"饥饿战役"让日本变"饿岛"

1945 年春天之前，美军对日本实施海上攻击的主要目标是往来南洋的海运船只，此后又以潜艇、飞机和布雷攻击阻止日方从朝鲜、满洲向本土运粮。美国陆军部长史汀生便说："对付日本唯一的办法，就是让它什么也得不到"。

日本是资源贫乏的岛国，多数工业原料及部分粮食靠海外输入。太平洋战争爆发后，日本运输船的生产量便一直赶不上被美军潜艇的击沉量。从 1945 年初开始，进驻菲律宾岛和以航空母舰为基地的美军航空兵也加入了封锁行动，日本港口内停泊船舰又有很多被炸沉。

在第二次世界大战期间，德军潜艇击沉船只吨位最多，却没有完成破坏对手海上交通线的战略目标，美国潜艇却做到了这一点。美军共有 314 艘潜艇参战，绝大多数用于太平洋（英国潜艇多用于大西洋），击沉日本商船和军舰 1560 艘、530 万吨，占日本船舶损失吨位的 60%。

战争期间日本船只（不含军舰）新建和沉没的统计（万吨）			
年份	新建	沉没	差额
1941	4.4	5.1	0.7
1942	66.1	109.5	43.4
1943	106.7	206.5	99.8
1944	173.5	411.5	238
1945	46.5	159.2	112.7
总计	397.2	891.8	494.6

　　战前日本拥有560万吨可出海的船舶，开战后又掠夺到80万吨，总计为640万吨。在战争期间新建和沉没的差额达494.6万吨，战争结束时只剩156吨，其中大多又被炸伤不能出海，海运能力丧失90%以上。

　　1944年秋季美军进攻菲律宾后，日本见海运线断绝，将剩余船舶大都集中于日本海和对马海峡，保持通向朝鲜这最后一条海运线。美军从1945年春天开始了二次大战中最著名的封锁战——"饥饿战役"。从这一名称便可看出，战役目标主要是要断绝日本的粮食供应，以造成全国

性饥荒。

战前日本每年约自产大米 1000 万吨、大麦等粮食约 400 万吨，只能保障 7000 多万本土居民需求的三分之二，缺口靠从朝鲜、满洲征粮弥补。开战后日本本土农业萎缩，外来粮食更是维持军民吃饭的命脉，美军正好瞄准了这一"命门"。

1945 年 3 月 27 日，美军出动 92 架 B-29 轰炸机飞抵下关海域，将数百枚水雷投入预定海域，切断了通向朝鲜釜山的海运线。美军潜艇也进入日本称为"内湖"的日本海，不断攻击运输船并协助布雷，一月内便将 35 艘舰船击沉炸沉。接着，美军布雷规模越来越大，到 8 月初共布雷 12053 枚，导致日本 670 艘舰船被水雷炸沉和严重损坏，本岛因海运完全瘫痪几乎变成一座"死岛"。

日军面对美军的布雷显得束手无策，主要有两个原因：一是因过去认为水雷只是一种防御性武器，长期不重视，未建造多少扫雷艇；二是完全丧失了制空权，日军扫雷艇（包括用渔

船改装成的）在美机轰炸下很难出海作业。

　　"饥饿战役"实施只四个月，日本高层在 7 月间的战争研讨会上便承认，至秋季工业生产就会因丧失原料基本停止。此时农村青壮年大都被征入伍，田地上主要靠老人和妇女耕作，又无化肥农药，这一年日本大米收获量降到 660 万吨，加上其他杂粮也只有 900 万吨粮食，达不到正常需求的 40%。7 月间日本政府再度下调配给标准，居民每天只给粮 290 克，其中还多是甘薯、橡子面等杂粮，除了有积蓄、有权势的家庭外，其余人都陷入饥饿之中。

　　到了这个地步，了解粮食供应的日本政府官员都私下哀叹，若继续打下去，真不知怎么熬过这个冬天。其中有些人悲观地预言，至明年春天，"日本只会剩下两种人——死人和濒死的人。'一亿总玉碎'真要实现了！"天皇也清楚这一状况，在后来《终战诏书》中公开承认"若继续战争，势必造成我民族之毁灭"。

自杀式攻击成为日军垂死挣扎的主要手段

　　面对绝望的形势，日本当局认为用常规手段已无法扭转，便挖空心思想出一些"出奇"招术。当时军部认为自己最大的优势是"武士道"拼命精神，可以用称为"特攻"的自杀式攻击重创美军。

　　1944 年秋菲律宾海战时,日本海军第一航空队司令长官大西泷治郎中将便提出了命名为"神风"的"特攻"战术。所谓"神风",出典于 13 世纪元朝忽必烈派军进攻日本时遇台风导致船队覆没,日军希望那些自杀性飞机再能形成一股摧毁美军舰队的"神风"。

　　在莱特湾海战中,"神风特攻队"共出动 55 架,击沉美军一艘轻型护航航空母舰,似乎有些成效。1945 年上半年,日本陆海军以"舍身报国"为号召,在军内外招募了近万名准备用于驾机"特攻"的人员。他们入队便能享受社会上难得的酒肉供应和女学生"慰安",灵牌又送入"靖国神社",家属已享受了抚恤金。这些称为"活烈士"的人并非不爱惜生命,却在活着的时候就被断了生路。

　　此时日军只残剩少数有经验的飞行员,需要保存下来反复使用。对

这幅油画表现 1945 年春季作战时，日本"特攻"机撞上美军"勇往"号航空母舰使其起火受创的场面。

"一次性使用"的自杀式飞行员，军部认为不值得耗费宝贵油料训练，学会起飞就行。至于飞机操作，这些人只能靠看教学电影片模仿。"特攻"机是一次性使用，部分使用淘汰的零式机，有些用木质教练机改成，燃油又差，加上驾驶水平太差，起飞后失事极多。

日军对"神风"队员提出"一机换一舰"的要求，不过当时所用的轻型飞机只能装 200 公斤左右炸药，通常只能重创一艘中小型舰只。据冲绳作战的统计，自杀式飞机撞上中型航母也不会造成重大损失，对中小型舰船的破坏会比较大。

"神风"队员中虽有受军国主义狂热宣传的青年人，许多人还是被强迫"自愿"报名。据当事者回忆，不少人登机前双腿发抖，被宪兵抬着塞进机舱，又给他们装上单程燃料不能返航，也不配备降落伞。这些被逼上死路的人上天后大都精神恍惚，一些人飞进云层又会迷航，遇到美机拦截时又因不会空战而只有被屠杀，大多数飞机根本到达不了美国舰队上空。

少数能钻缝隙到达美舰上空的"神风"机，面对密集的高炮火力网又容易被击落。这些拼命者难以接近航空母舰、战列舰等大目标，多选择防空火力不强的运输舰和小吨位战舰冲撞。他们没有受过正常的驾驶训练，实行死亡冲击时又精神高度紧张，操纵稍有偏差又会冲进海里。日军总共动用了 2700 架特攻机出击，冲撞命中率只有十分之一，给美军只带来了"麻烦"而未影响战局。

日军的自杀式"特攻"除了在空中实施,在水下也如法炮制,为此建造了"回天"式人操鱼雷,实际上就是在一枚大型鱼雷后加装一个操纵室并配备一名自杀性驾驶员。这种武器发射后由人控制冲向美舰,弹头所带 1500 公斤炸药又相当于普通鱼雷装药的 3 倍,命中一枚便能击沉万吨级舰船。

"回天"鱼雷的最大弱点,是航程只有 78 公里,要靠"母艇"将其载运到美军舰队附近。此时美军声呐探测水平大大提升,日军"母艇"还未接近大型军舰往往就被发现和摧毁。少数能发射出去的自杀艇,又有许多艇员因精神紧张或缺乏训练,找不到目标最终耗尽油料自沉。据统计,日军共使用了 106 枚一去不复返的"回天"鱼雷,同等数目的自杀艇员丧生,却没有多少战果。美英舰船在战争末期只有 27 艘在日本

✎ "回天"鱼雷的最大弱点,是需要由潜艇运载接近对方舰只,这两幅油画便描绘了该型自杀鱼雷捆在潜艇外面航行的场面。

✎ 这幅画表现的是"震洋"自杀式特攻艇隐蔽在海外掩体内的情形,它未来得及投入使用,日本便已投降。

附近被水下爆炸击沉,怀疑多半还系触发水雷,能确认被"回天"鱼雷炸沉的只有 1 艘油轮和 1 艘护航驱逐舰。

日军在战争末期还研制了胶合板制成的"震洋"特攻艇(此时金属奇缺),其时速 25 海里,重仅 1.4 吨,可装载 150 公斤炸药。这种摩托艇主要隐藏在海边洞穴内,准备在美军登陆时以狼群方式发起自杀式冲撞,为此生产了 6000 艘之多。它的致命弱点是结构太脆弱,甚至经不起枪弹打击,航速又不高,又暴露在水面上冲击,其实很难接近火力防护严密的美舰。

日本为了空中"特攻",还制造了由"母机"投送的"樱花"机。

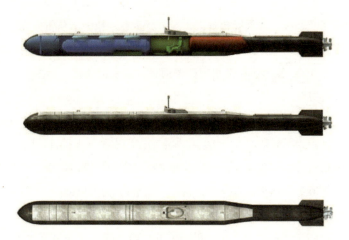

它被射出后不能降落只能由一名乘员操纵撞击敌舰，等于自杀式空中火箭弹。不过"樱花"的弱点是靠轰炸机这样的"母机"接近敌舰时投放，而战争末期日本已没有多少轰炸机可用，想突破美军舰队的空防更难，能使用的机会都几乎找不到。

上述这些垂死挣扎的武器，都是日军绝望时的狂想，根本不可能挽回局面。

想用细菌弹攻击美国却未敢，若遇报复日本可能"灭种"

第二次世界大战期间，日本潜艇制造水平在世界上并不算低，不过指导思想存在严重偏差。第一次世界大战史已经证明，潜艇是打击敌国商船以破坏海上运输的有力工具，美军潜艇正是根据这一经验完成了重大战略任务。日本海军却把潜艇作为一支战术力量使用，赋予的任务主要是在海战中攻击敌舰，这一指导思想主要是出于海上"决战"速胜的战略理念，没有准备打持久战。

日本潜艇在太平洋战争开战时便参加袭击珍珠港（战果却不大），在中途岛海战中又配合水面舰队攻击美舰，取得过击沉"约克城"、"黄蜂"

号航空母舰的战果，却一直没有注重攻击美国的海上运输线。1942 年夏天之后日军在太平洋战场形势逆转，前沿岛屿守军遭美军海上封锁，因而从瓜达尔卡纳尔岛之战后日本潜艇便大多担负了向孤岛上守军运输的任务。战时日本先后拥有 200 多艘潜艇，总计只击沉了 70 万吨盟军船只，对美军的海上运输线影响微小，由此可看出日军潜艇在战争中没有起到太大的战略作用。

1943 年以后，日本开始制造当时世界上吨位最大、又是唯一能搭载飞机的大型潜艇——伊 -400，其水面排水量 5300 吨，内载 3 架水上飞机。由于材料不足，1945 年初才有 3 艘此型艇建好，日本军方便设想以此对美国实行细菌战。

日本在哈尔滨以"关东军防疫给水部队"名义建立的七三一部队，

是当时世界上唯一有实战能力的细菌部队，其生产能力达到一个月制造鼠疫菌 500~700 公斤，霍乱菌 1000 公斤。日军的预定细菌战计划是，如苏联参战就把大量带菌老鼠、跳蚤投到其后方纵深地带以制造传染病。有了航程上万海里且能载机的伊 -400 潜艇后，日军一些人便主张让艇上的水上飞机载上细菌弹，秘密驶到美国西海岸后从空中投放，军部经过仔细研究却否决了这一方案。

细菌攻击计划被放弃，并非是日本军阀发了善心。据他们估算，日本伊 -400 潜艇搭载的水上飞机即使能突破美国空防，顶多能向西海岸投掷有限的几枚细菌弹。面对拥有强大的防疫系统和隔离灭菌能力的美国，这种小规模攻击不可能造成太大危害，反而会招致可怕的报

伊 -400 潜艇在 1945 年 6 月出航的油画，该艇由本土首先驶往太平洋中部的特鲁克基地（该基地已被美军在海面封锁却还可接受潜艇），准备在那里加油后再驶去攻击巴拿马运河。

复性打击。

日本此时已知道，美国也在研制细菌武器。根据战后知情者披露，二次大战期间美国细菌战研究投入了 4 亿美元，相当于原子弹计划的五分之一，从经费看居世界第一位。出于国内舆论和道德限制，美国没有敢使用活人做试验，却使用了多达 50 万只动物做试验，培育成功了十几种病菌，其中炭疽炸弹的研制即将完成。如有需要，美军可以把成千上万颗装满炭疽病菌的炸弹投到日本各地。这时日本的防疫和药品生产系统差不多已经瘫痪，老百姓没有防范大瘟疫的办法，如果遇到细菌战攻击真可能使本民族有"灭种"的威胁。

由于不敢使用细菌武器，日军制订使用伊 –400 潜艇的计划是，用其搭载水上飞机秘密接近巴拿马运河，突然轰炸水闸，从而切断大西洋美军向太平洋调动的通道。由于美军在巴拿马运河区已有防御，这一计划其实很难实施。1945 年 8 月，伊 –400 潜艇经过在特鲁克基地休整后出发，还未驶入东太平洋，便接到投降的消息，袭击计划自然取消。

战争末期的日本，经济体系接近崩溃，军事上也是黔驴技穷。它无论想出什么"奇招"争取"死中求活"，也都是无济于事，只不过让本国付出更大代价。

美国描绘的使用轰炸机攻击伊 –400 潜艇的画面，事实上这一情景并未发生战争便结束，该型艇在海上投降。

原子弹轰炸和日本投降

第十二章 ■

1945 年夏天，穷途末路的日本最高统治者一面挣扎，一面就屈服条件秘密讨价还价。美国从长远战略目标出发，在坚持『无条件投降』的要求时同意保留日本的天皇制。

日本投降却有保留天皇制的条件

1945 年夏天，穷途末路的日本最高统治者一面挣扎，一面就屈服条件秘密讨价还价。美国从长远战略目标出发，在坚持"无条件投降"的要求时同意保留日本的天皇制。随着原子弹爆炸的巨响和苏联出兵，日本御前会议在附带保留条件下接受了《波茨坦公告》。为数达 700 万人的日军接受天皇命令放下了武器，太平洋上的战火就此停息，然而日本投降的不彻底性也留下不少隐患。

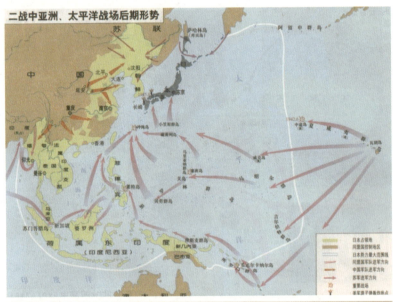

太平洋战争后期形势图。

美军投到广岛的代号"小男孩"的原子弹模型。

天皇为"体面讲和"拖延投降，使国民蒙受更大灾难

1945 年春天，纳粹德国走向灭亡，剩下唯一的法西斯轴心国日本已陷入绝境，怎样处置它成为美国当局考虑的焦点。4 月间罗斯福总统突然逝世，新任总统杜鲁门是国内保守势力的重要代表，政治上突出反共倾向。此时欧洲战争结束并形成两个阵营，美国从未来控制亚太的战略需求出发，想适当保留日本的力量以对抗苏联。加之此时原子弹尚未研制成功，对其威力也不知晓，美国虽然宣传动员下一步将在日本本土登陆，实际也开始寻求适当放宽条件让日本停止抵抗。

此时的日本军界头目还在狂叫"本土决战"，天皇和政界要人却已在积极寻求妥协。一向轻蔑中国却畏惧美英的日本前首相近卫文麿于 1945 年 2 月向天皇递交了一份上奏，开门见山地声称"战争失败，实为遗憾，但已无可避免"。他又强调："最堪忧虑的，与其说是战败，毋宁说是由于战败可能引起的共产主义革命。"近卫文麿认为向美国认输而媾和，天皇制"国体"还能保存；继续打下去引起人民革命就会导致整个日本统治集团的灭亡，为"维护国体"应尽早结束战争。

接到近卫的上奏，天皇马上召见他询问战争前景，最关心的是保住

1945 年 4 月，杜鲁门由副总统接任总统后，成为《时代》杂志的封面人物，他的继任标志着美国政治更趋向于右倾。

进入 1945 年以后，美国的宣传画强调要保持进攻的势头，并准备进攻日本本土。

从战争末期美国宣传画中可看出，"山姆大叔"已着重于"思考"，对如何处置日本也有新想法。

自己的统治地位。近卫的回答是:"现在还不到取消皇室的时候。如继续战争,则有这种危险。"天皇想了一下说:"我想,如不打一次大胜仗,恐怕不好和谈。"近卫一面鞠躬告辞一面说:"过去那样的大胜仗,恐怕连想都不敢想了。"

此时天皇裕仁仍心存侥幸,希望打一场大胜仗能使美国取消"无条件投降"的要求。德国投降次日即1945年5月9日,在海军省军令部就职的"御弟"高松宫大佐向皇兄传来好消息,称驻瑞士秘密使团藤村义良海军中佐报告说美国态度已有松动。

从1943年至1945年夏,日美尽管激战正酣,双方驻瑞士代表却常在昏暗的酒店角落或无人的林间谈媾和条件。日方称最大障碍是"无条件投降",美国战略情报局驻欧洲负责人杜勒斯最终同意在"无条件投降"名义下保留天皇制。

美国虽有让步,裕仁在1945年6月主持的御前会议上还强调应"体面讲和"。日本讨价还价的底线,是让出明治维新后夺取的土地,包括刚被美军攻占的琉球群岛,却要"保存国体"和保持"国防所需最低限度"的军队。日本天皇还亲笔致信斯大林请苏联调停,以让出北满和库页岛南部为诱饵。此时苏联正向远东大举调兵,对日本的要求只是虚与委蛇。

日本秘密寻求媾和时,又大肆叫嚣准备"本土总决战",在沿海修筑工事准备抵抗登陆。临时扩编大量新部队后,日军在本土的军队数量达到360万,驻海外还有350万。由于此前多数武器弹药已送到海外,国内军工厂又因原料中断大都停产,本土许多部队十人才能发一支步枪,除了从关东军调运外只好让部队"自产",即制造简陋的冷兵器和手榴

日本在战争末期的杂志封面，表现出训练妇女练拼刺刀，要学生躺在地上用步枪打飞机，这些其实无用的招术正是绝望的反映。

弹、自杀雷之类。据战后找到的保卫东京湾的第三十六军1945年6月份"自产兵器报告"，里面还有"扎枪1500支"的记录，其实就是铁制长矛。民间组织的2800万的男女"义勇队"状况更惨，由于金属几乎被搜刮光，他们的主要装备竟是磨出一个尖刺的"竹枪"。

可以想象，若真出现美军登陆，日本让这样的军队和义勇队来实行"本土决战"，只能是拿人海填火海，在美军机械化部队屠杀下只能形成尸山血海。

看到"本土决战"无获胜可能，有的日本少壮军人建议，放弃本土迁都满洲，依靠当地和北朝鲜的工业还可坚持两三年。军部头目们却明白这根本不可行，本土若失，苏联也会进攻满洲，那里的居民又非常仇恨日本人。日本一些人扬言准备"迁都"持久作战，实际上是向美国表示强硬。后来的档案证明，军部在东京西面的长野县山区挖掘了地下大本营，准备本土决战时把天皇迁到那里指挥。

1945年7月，美英苏三国首脑到德国首都附近的波茨坦会见，除讨论战后问题外又确定了合作对日作战。由于苏联表面上还是对日本的非参战国，7月26日由中美英三国发出《波茨坦公告》（也称《波茨坦宣言》），要求日本无条件投降，苏联待对日宣战后再加入。这个主要由美方起草、盟国一致同意的波茨坦公告中说明，日本的领土只限于本州、四国、九州、北海道及其附近的小岛上（按此说琉球群岛都不应包括在内），放下武器的日军人员可复员过和平生活。在起草宣言时，美国总

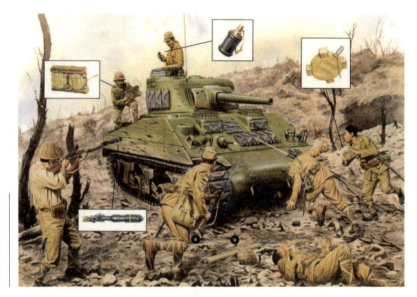

统杜鲁门曾表示可加上战后日本可保留天皇制，因其他人认为这是向敌示弱而最终未写上。

听到这一宣言后，当时任日本首相的铃木贯太郎在内部讨论中认为可以接受，上层中多数人却认为不能接受"投降"。此时天皇则还在等待苏联对调停问题的答复，于是日本政府对波茨坦宣言没有答复，结果随后招致了更沉重的打击。

东洋三岛回到"木屐时代"，多数国民已不相信胜利

战争结束前的几个月，日本可谓进入近代历史上最凄惨的时期。整个国家成为一座苦役营，人们被驱赶着从事军工生产，不仅食不果腹而且衣不蔽体。

1944 年末自 1945 年春季大动员后，17 岁至 45 岁的无残疾男子大都入伍（只有工厂中的特需技工和理工科大学生免征），工厂的劳力主要靠年轻妇女包括女中学生补充。她们每天只配给不足 300 克粮食，经常累昏在机床旁。

此时上班成了日本城市内的一大难题，1943 年以后公共汽车因缺油停驶，电车也经常停开。起初人们以自行车出行，后因橡胶供应中断没

进入 1945 年夏季，日本因石油供应中断及储备接近耗尽，许多作战飞机已无法起飞，这张照片便是停在机场上被美机炸毁的日机。

有车胎补充，多数车不能再骑，"上班族"只好靠腿走，路远的人干脆住在厂里。入冬后，工厂又没有民用燃煤，女工们只有相互挤在工厂的床上取暖。

自侵华战争陷入持久战后，日本便压缩民用生产，从 1939 年起服装都要凭票供应。日本的纺织业在战前居世界第三位，从 1943 年起外来棉花、羊毛等原料大都中断，1945 年上半年的棉布产量降到原来的 2%，只能全部用于制作军装。此时本土唯一供给民间的布料，是一种叫作"豆腐"的易碎织物，人称"再生布"。它是用木浆和树皮混合着粉碎的废旧棉布制作而成，做成衣服后从外观看与过去的服装无异，摔一跤就会碎裂，手指头用劲都能捅穿。人们参加重大活动时才会谨慎地穿这种衣服，到了劳作场所或回到家里又会穿破烂旧衣。据战时曾被抓劳工到日本的中国作家邓友梅回忆，他所在的工厂里女学生干活时大都上体裸露，简直不忍直视。在"火攻"烧掉家园的街区，许多人甚至披着麻袋或穿水泥袋子。

战争末期普通日本人所穿的鞋，也充分显示出狼狈之相。因橡胶、皮革缺少又都归军用，民用胶鞋、皮鞋生产停止。除参加重大活动时人们穿保存的旧鞋，平常只有穿传统的木屐，农村又靠编织草鞋。街道上

恢复了一片"木跟拉板声"，仿佛倒退回古代。

生活的困苦和绝望，导致多数日本民众由盲目支持战争转向厌战。90年代初我在日本时，曾与当年蒙受空袭的老年学者们谈过战时情况。据他们讲，1945年春季以后美军对东京、横滨等大城市采取"疲劳式轰炸"。天亮不久后城内防空警报就会响起，人们都向防空洞跑，通常一小时左右解除警报响起。职工刚回工作场所后往往又有空袭警报，只好跑回防空洞，一天反复多次。那时日本人大都吃不饱，跑空袭时腿都发软，不少人索性不上班，天亮便带着食物和板凳到防空洞口，飞机来了就进去，解除警报再出来晒太阳。这样，日本大城市的正常生产活动在白天基本停顿，晚间因电力不足又使多数工厂无法照明而难以生产。

白天的日本各大城市不断遭受"疲劳式轰炸"，夜间美国飞机因有雷达引导又经常来袭，因看不清准确目标便大面积投燃烧弹，居民们要起来防火救火。人们白天晚间都被空袭折磨，个个疲惫不堪，战争初期的狂热情绪已被沮丧取代。

日本战败后进行的民意调查说明，1944年春季国土遭受空袭前还有80%的日本人相信"皇国必胜"，1945年上半年却有一半以上的日本人认为战争已经输了，还相信胜利的人主要是不太懂事的青少年。因此，听到日本投降的消息后，多数人感觉是总算得到了解脱。

日本军国主义总吹嘘其国民有武士的"玉碎"精神，唯物主义的基本原理却是物质决定精神，如俗话说"肚子决定脑子"，一般日本人也不例外。对外掠夺获胜并得到物质收益时，日本多数人确有狂热精神。战争失利并导致生活困苦时，他们的意志同样会崩溃，没有"总玉碎"而实行了驯服的"总投降"。

美国从全球战略考虑，核试验成功后马上对日投下原子弹

1945 年 7 月盟国发表《波茨坦公告》后，日本政府只是在报纸上刊登删节稿（特别删去军人可复员回乡从事和平生活一节以防影响士气），发言人表示不能答复，当时的英文译稿写成了"不予理睬"。急于结束战争并震慑苏联的美国杜鲁门总统马上决定，迅速向日本投掷刚试验成功的原子弹。

研制成功核武器，是人类战争史上划时代的一项成果。这一科研成果既给人类带来新的能源，又带来毁灭性手段。福兮？祸兮？到现在还未得出最后结论。

20 世纪 30 年代，德国在核裂变研究中处于世界领先地位，希特勒上台后疯狂地迫害犹太人，把一大批科学家推给了美国。如著名的德国物理学家爱因斯坦定居美国后，于 1939 年 11 月写信给美国总统罗斯福，建议抢在纳粹之前研制出原子弹。根据总统决定，美国启动对外称为"曼哈顿工程"的绝密项目，从 1941 年至 1945 年投资 20 亿美元。这笔钱

1945 年 8 月 6 日美国投向广岛的代号"小男孩"的原子弹的模型，这是一枚铀弹。

这幅美国油画描绘了爱因斯坦的公式促成了原子弹爆炸的蘑菇云腾起。这位科学家虽最早倡议研制核弹，其实又反对使用它。

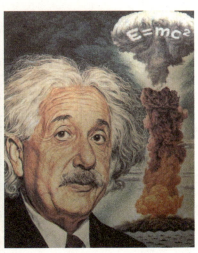

在当时能制造 60 艘中型航空母舰。英国都无此财力，只好将自己的核科学家送到美国参与研制。

事后证实，德国和日本的情报机构都不知道美国的原子弹研制情况，不过日本核物理学家仁科芳雄在 40 年代初也组织了原子弹研制。他的计划和美国"曼哈顿工程"相似，武器设计开发与生产 ^{235}U 同时进行。这个计划代号为"仁方案"，却因日本没有氧化铀，其研究所 49 号楼被炸毁，实验室和铀同位素分离器也被破坏，"仁方案"还未越过试验室阶段便流产。穷途末路的日本无论从科技水平、物质条件和经费来看，都不可能研制出核武器。

1945 年 6 月，美国终于生产出 20 公斤 ^{235}U 和 50 公斤 ^{239}Pu，这些核装料马上装配成三颗原子弹，其中一颗铀弹、两颗钚弹，代号分别为"小男孩"、"瘦男人"和"胖子"。美方决定，用那颗体积太大、装不进轰炸机的"瘦男人"来进行首次核试验。

7 月 16 日，美国在新墨西哥州秘密进行核爆炸成功。据测算，这颗人类试爆的第一颗原子弹威力相当于近 2 万吨 TNT 炸药。试验场上的科学家们都有一种抑制不住的恐惧感，"曼哈顿工程"的组织者、美国的"原子弹之父"奥尔海默马上担忧这种武器可能给世界带来毁灭，建议可向日本做威胁演示而不要真正使用，尤其不要向住有大量居民的城市投掷。爱因斯坦也坚决反对使用原子弹，他当初主张研制核武器是不想让纳粹抢先造出这种可怕的炸弹。当美军和盟军占领了德国，没有发现纳粹有原子弹时，他就认为不必要再使用核武器。

原子弹一旦制造出来，就不由科学家而是由政治家说了算。美国高层决定使用核武器，除了逼迫日本快些投降，也想在全世界显示自己独

投向日本长崎的"胖子"原子弹（钚弹，采用内爆法）。

一无二的军事打击力，按国务卿贝尔纳斯的话就是"同俄国人更好商量"。美国军政首脑对日本天皇抱有希望，自然不能把原子弹投在皇宫所在地东京，于是选择居民密集的城市，以便更好地试验原子弹的杀伤力。

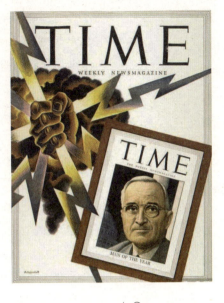

8月6日，载运代号"小男孩"铀弹的 B-29 轰炸机从马里亚纳群岛上的提尼安基地起飞，飞到日本第八大城市广岛上空。该市原有34万居民，因疏散只剩24万人。看到只有单机凌空，广岛人普遍认为只是侦察没有进防空洞，结果瞬间出现了相当于1.6万吨 TNT 炸药当量的大爆炸，造成了13万平民伤亡，其中8万人死去。日本陆军第二总军司令部位于广岛市郊区，所受损失却不大。

对于广岛这次灾祸，天皇未召集内阁开会，军部要人对伤亡数字更不在意，反倒是主和派们认为接受投降终于有了借口。由于上层在等候苏联答复，对原子弹袭击没有做出反应。8月9日，美军 B-29 型轰炸机编队又从提尼安基地出发，飞向预定袭击的第一个目标——小仓。由于那里云雾太大找不到瞄准点，飞行员便袭击候补目标——长崎，并由目视投弹改为雷达投弹。长崎是一个山城，因山岭阻隔保护了部分市区，这枚代号"胖子"的钚弹的2万吨当量爆炸造成了4万人死亡和6万人负伤。

广岛和长崎的核爆炸证明，人类经历了用体能、热能进行战争这两

✎ 美国《时代》杂志的封面寓意画显示了原子弹爆炸的蘑菇云升起，成为总统杜鲁门手持的一根大棒。

✎ 在原子弹爆炸时受到光辐射烧伤的日本妇女（照片），所穿的衣服有深色格纹处烧伤厉害。

✎ 日本广岛遭受原子弹轰炸后的照片。

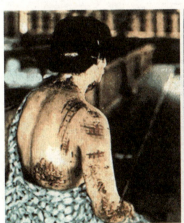

个阶段后，核能这种幽灵又钻出了魔盒，进行战争有了第三种能量。原子弹爆炸对催促日本当权者投降有一定作用，不过使用这种大规模杀伤性武器消灭平民也违背道义。人类应禁止使用核武器并最终销毁它，这成为后来国际上进步人士的一致要求。

苏联参战使日本当局绝望，天皇做出"圣断"

广岛遭受原子弹轰炸三天后，8 月 9 日清晨东京接到苏联已对日宣战的消息。按照苏联的说法，8 月 8 日下午就向日本驻苏大使递交了宣战书，却因时差关系以及从莫斯科发电报时遇到障碍，东京在次日上午才得知此事。

从 8 月 9 日凌晨起，拥有 150 万兵员的远东苏军已经越过中国东北边境展开了全面进攻，同时还以一部进攻库页岛南部和朝鲜北部地区。这次苏军所称的"远东战役"只进行了八天，最远攻击距离达 500 公里，成为以机械化兵团高速推进的典型范例。此时日本关东军内多系新组建的三流部队，自知难以抗击节节败退，其司令部在撤往通化时接到了投降命令。

得知日本愿意投降后，苏联为了将雅尔塔协定中划定给自己的千岛群岛尽快拿到手，避免让美国占去，从 8 月中旬起又发起了一系列登陆战，至 9 月初完全占领了南北千岛群岛。由于南千岛群岛的四个大岛被日本称为"北方领土"，就此形成了日本同苏 / 俄之间长久的领土纠葛。

苏军占领千岛群岛。

出兵中国东北的苏军士兵展示缴获的日本旗。

苏联参战的消息传来，日本当局就此确认了想"讲和"已不可能。8月9日上午，日本首相召集内阁和军方要员讨论苏联参战后的形势，一直争论了12个小时。到会者一开始就全部同意接受《波茨坦公告》，不过陆相阿南惟几和参谋总长梅津美治郎坚持提出四项附加条件：保留天皇制，海外日军自主撤回国复员，盟军不占领日本，战犯由日本自行审判。东乡外相认为按盟国的强硬态度不可能接受四条，只能附加一条即保留天皇制，否则可能连一条都保不住。

8月9日晚，因天皇出席这次会议而将其开成御前会议。有绝对权力的裕仁此时不再犹豫，做出了"圣断"——"按外相的意见办"，其他人只能服从。

8月10日清晨，日本通过中立国瑞典、瑞士的使馆通知美国，说明已准备接受《波茨坦公告》，却附上一条自己的"理解"即"不改变天皇统治国家的大权"。当天晚间，这一消息便被盟国的电台宣布，中国的重庆、成都、昆明和延安等地得知了日本投降的消息，顿时一片欢腾。美国的各大城市此时也有众多市民庆贺，政府却保持了谨慎态度，因为严格而论日本只是"乞降"而非投降。

在太平洋、中国的满洲和关内战场上，此时战斗却更加激烈。日本的中国派遣军和关东军都未接到停止抵抗的命令，还声称有人说日本投

✑ 苏联油画《苏蒙联军越过长城》，以艺术形式表现了苏军和外蒙古军队在对日本宣战后向中国长城以北进攻。事实上美苏两国划定长城以北为苏军的作战和受降区，苏军只是在个别地区短时间越过长城，随即退出。

降是"谣言"。在太平洋战场上美军继续实施轰炸，日本的"神风"机也做了最后出击。

美国政府得到日本求降的通知后，研究了两天后做了答复，含糊地表示"日本天皇和政府必须置于盟军管辖之下"，实际上承认了日方要求，不过要在天皇头上再加上一个"太上皇"。得到美国这一表态，8月14日，日本政府正式通知盟国接受《波茨坦公告》。严格而论，日本正式表示投降的日子应该是这一天，次日天皇只不过是向本国的国民讲话宣布了这个消息。

东京时间8月15日中午12时，日本全国军民和海外能听无线电广播者都奉命聚集到收音机旁列队，听到一个发尖的男声——这是普通日本人首次听到的被称为"仙鹤之声"的"御音"。广播讲话里虽没有"投降"字样，却说"饬帝国政府接受"盟国的《波茨坦公告》。听到这篇虽不明言却可意会的讲话，日本军民明白本国已向敌国屈服投降，顿时抽泣声、号啕声、以头扑地声到处响起。此刻日本虽表示降服，却又申明是以"维护国体"为前提，投降是很不彻底的。

此时日军在海外有三大战略集团——关东军（司令部迁通化后又返长春）、中国派遣军（司令部南京）、南方军（司令部西贡）。8月15日天皇广播《终战诏书》后，分别派皇族军官飞赴长春、南京、西贡，要求三个总军级单位"谨遵圣意"。8月17日，关东军向苏军发出准备投降通告，南方军也向美英军宣布投降。

日本中国派遣军的情况最复杂，因美国出于扶蒋反共的目的，要求中国关内日军只许向国民党军和美军投降，并守卫现有阵地不能交给中共军队。按杜鲁门总统的话讲，就是采用"利用敌人当守备队的计划"。日本刚一投降，亚洲大陆上马上便发生了敌友态度的转化，这也酿成了后来的中国内战和国际上的冷战。

中国战场上的日军只实行了片面投降，导致解放区战场上的战斗还持续了很久。不过太平洋战场的作战毕竟在8月下旬停止。8月30日，美军开始进入日本，同时美军舰队也驶进东京湾。登陆的美军最感到惊讶的是，此前还以自杀式冲击拼死与之相搏的日本人居然都恭敬地鞠躬相迎。

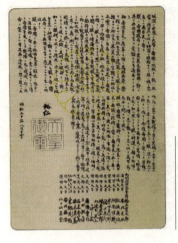

1945年8月14日，日本天皇裕仁公布的"终战诏书"原件照片，上面有首相和其余各臣的签名，表明整个统治集团拥护天皇的决定。

"密苏里"号战列舰上日本签降约，战争正式结束

1945年9月2日，东京湾内正式举行了日本投降的签字仪式。太平洋战争和整个第二次世界大战到此正式结束。签字仪式在美国建造的最后一款"艾奥瓦"级的战列舰"密苏里"号上举行，这也是美国内部为争荣誉协调的结果。美国陆军的五星上将麦克阿瑟作为盟军最高长官主持仪式，引起太平洋舰队司令、海军的五星上将尼米兹及其下属不满，因为他们认为打败日本主要靠海军。为平衡陆海军的荣誉，美国政府决定投降仪式不在陆地而在战舰上举行。总统杜鲁门也想表现自己，因他出身密苏里州，便选定了以自己家乡命名的军舰。

1945年9月2日，日本代表团到"密苏里"号上签降约。前排分别是外相重光葵与陆军参谋总长梅津美治郎。

"密苏里"号上的这次投降仪式，由美国将领担当主角，中国、苏联、英国和其他盟国只是派代表参加签字。国际仪式上的地位，归根结底是由国家实力决定。当时美国拥有最强的军事和经济实力并单独占领日本，自然主宰了战败的日本。此刻中国战略要地还大多在日本占领下，苏联陆军虽强却没有从海上攻占日本的能力，英国在远东只充当美国附庸，因而中苏英三国在如何处置日本的问题上发言权不多。

9月2日签订的投降协定，是真正意义上的日军缴械投降书（在中国解放区战场却例外），此前"八一五"的日皇广播其实只称"终战"并未提投降。因此，中国和许多参战国把"九三"这一天作为对日战争胜利日是恰如其分的。反而是日本出于颂扬天皇"挽救国家"的目的，只纪念8月15日而回避9月2日。

日本投降时，其军队一半在本土，一半在海外，其海外部队分散情况如下：

地区	陆军	海军	总计
中国(关内)	105万	6.3万	111.3万
满洲	72万	2万	74万
朝鲜	29万	2.9万	31.9万（注：朝鲜军归关东军指挥）
太平洋	100.3万	30.9万	131.3万
合计	306万	42.2万	350万

（注：日本投降时在本土还有军队363万）

在海外的350万日军中，只有关东军迅速被苏军解除武装当作俘虏，其余在半年内才完成缴械投降（在中国完成最晚）。这些军人除了有60万被押到苏联做劳工外，基本都在1945年末至1946年内由美国舰只遣返。

在本土的日军得知投降消息，未等复员令大都一哄而散。他们回家乡前洗劫了各军营，牵走战马，拿走能够搬得动的有用东西，有的飞行师团只剩一个师团长守着空荡荡的营房。这种情景表现，以神道教为基础的"武士道"精神支柱瞬间坍塌后，过去受蒙骗的官兵不再理会过去

日本投降签字仪式。

森严的军纪，马上从一个极端走向另一个极端。日本的失败不仅是军事上的失败，也是军国主义思想走向总崩溃。

为时 3 年 8 个月的太平洋战争乃至整个第二次世界大战，以反法西斯盟国共同努力击败日本而最终结束。由头号战犯天皇裕仁统辖、各大财阀支持的昭和军阀挑起了侵华战争，还进而发动太平洋战争，结果是满盘皆输。在这场战争中，日本付出了 300 多万人死亡（其中军人死亡212 万人）的代价，丢掉明治维新后窃取的所有土地，本国也一度被美军占领。

美国在太平洋战场只付出 12 万人死亡的代价，成为最大的赢家。澳大利亚军队作为美军的助手，在太平洋战场上阵亡共 1.5 万人。中国作为一个贫弱落后的国家，对日作战时间最长，在 1931 年以后 14 年的奋战中付出了死亡 2000 万人（其中军人约 160 万）、负伤 1500 万人的最惨重代价，得到一个胜利国的荣誉和称号，可惜却没有得到相应的地位，战争结束时本国权益仍受其他胜利国损害。

太平洋战争爆发后，美日之战成为国际反法西斯战争在东方的最关键战场，日军惨败导致"大日本帝国"及其想建立的"大东亚共荣圈"

麦克阿瑟身后，是在菲律宾成为战俘的美军中将乔纳森·温莱特，以及在新加坡成为战俘的英军中将白思华。

美军为太平洋战场上阵亡的海军官兵按照惯例举行海葬。

的狂想彻底失败，这有力地推动了亚洲各民族的解放和进步。美国进行太平洋战争时虽然带有自身称霸世界的因素（按杜鲁门总统当时的讲法是"领导世界"），不过在总体上还是代表反法西斯的正义一方，所做出的贡献还是应被正义和进步的人类所称赞。

尾声 ▎

美国打败、占领并改造日本

1945年8月，日本天皇在『保留国体』即继续维护天皇制的条件下接受了美、英、中、苏四个盟国要求其投降的《波茨坦公告》。美国倚仗最强的实力，派出20万军队登陆单独占领并长期控制了日本。

美国打败、占领并改造日本

1945年8月，日本天皇在"保留国体"即继续维护天皇制的条件下接受了美、英、中、苏四个盟国要求其投降的《波茨坦公告》。美国倚仗最强的实力，派出20万军队登陆单独占领并长期控制了日本。不久美苏冷战开始，中国又出现了国共内战，美国政府从"遏制共产主义"的战略出发，对这个不久前的敌国日本采取了扶助政策。日本的军国主义势力以及过去的累累罪行就一直没有得到清算，从而留下了长久的后患。

日本在战争中损失不小，却留下恢复的基础

日本发动侵略战争并最后战败，给亚洲人民带来巨大灾难，自身也遭受了应有惩罚。按照日本战后的统计，其陆海军人死亡合计212.1万，死者的分布如下：

菲律宾49万；

中国关内45万；

满洲9万；

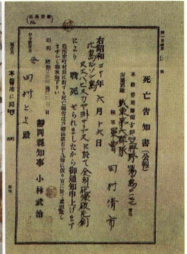

缅甸 16 万；

太平洋岛屿 72 万；

本土和其他地区 20 万。

从以上数据可以看出，日军同美军（含少量澳大利亚盟军）作战的战场是在菲律宾和太平洋岛屿，在那里死亡了 123 万人。据美军战后计算，在太平洋各岛共击毙日军 109 万人，其他 14 万在太平洋岛屿死亡的日军应系英联邦内的澳大利亚等国部队造成。

美军在二次大战中死亡共 29 万人，死于太平洋战场为 12 万人。在对日作战中，美国海军损失航空母舰 5 艘、护航航空母舰 6 艘、战列舰 2 艘、巡洋舰 10 艘、驱逐舰 71 艘。日军有 23 艘航空母舰、11 艘战列舰及其他多数舰艇被美军击沉或炸毁，战争结束时只残存 10 万吨舰艇（包括战列舰"长门"号和轻型航空母舰"凤翔"）。此刻美军海军舰船吨位已达到 1300 万吨，其中战斗舰艇就有 500 万吨。

击败日本军国主义，是反法西斯盟国共同努力的结果。中国抗战时间最长，在对日作战中牺牲人员最多，军人死亡约 160 万人（还有 220 万人负伤），加上平民共死亡 2000 万人（另外有 1500 万人负伤）。中国却因国力衰弱，至战争结束前还有 2 亿人口的国土沦陷在日军之手，对日作战仍处于相持阶段。美国因实力雄厚，能给日本军队和本土最沉重的打击，历来有尊强凌弱传统的东洋倭国轻视中国而对美国长期敬畏，正是由实力所决定。

　　落后要挨打，弱国纵然取得战胜国地位也难得到尊重。美国在太平洋战争中很快能扭转战局压倒日军，战后又能主宰日本命运，正是由它拥有的世界头强的经济、科技实力所决定。

　　战败后的日本被美军占领，按《波茨坦公告》放弃了除本土四大岛（本州、四国、九州、北海道）之外的全部土地（1971 年美国却把琉球群岛即冲绳以及中国台湾的钓鱼岛交还给日本）。当时踏上东洋土地上的人，看到的是满目疮痍，百姓饥饿，不过明眼人却知道日本还保持着两个基础未受大的损害——工业基础、科技人才基础。

　　日本战败时工业生产多处于停顿状态，主要是交通特别是海运中断所致。若仔细考察工业遭受轰炸的破坏状况，可看到美机空袭投下的多

是燃烧弹，引发大火焚毁的主要是木板房构成居民区，钢筋水泥结构的厂房和矿区并未受太大损失。至于日本的人力损失，青壮年死亡率为15%左右，远低于苏联、德国高达三分之一的比例。战时日本又规定国内科技人员和理工科大学生可免服兵役，大学还继续上课（中国台湾的李登辉战时便在日本上学），科技人才不仅基本保留下来，战时扩大军工生产还培养出许多新技术骨干。战后一旦有了原料和市场，再免除了军备负担，日本拥有亚洲最庞大科技人才的这一优势便能转化为"经济起飞"。

东京湾签订降约时出现偷换概念——"日本投降"变成"日军投降"

1945年8月14日，日本通过中立国正式通知了盟国接受投降日，9月2日在东京湾上签订投降书才算是真正实施了投降。

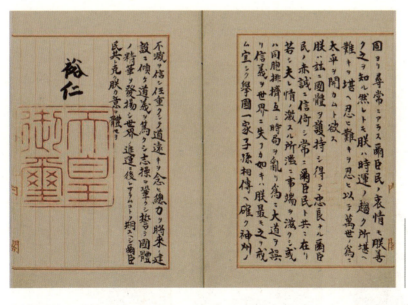

日本天皇裕仁就投降一事向国民发布的诏书，里面的文字强调的都是"忍耐"，根本没有认错悔罪的表示。

按日本的解释，天皇裕仁在8月15日在电台广播的《终战诏书》算是战争结束，因此其国内只纪念"八一五"，并把这个头号战犯美化成和平促成者。若细看一下这篇诏书，完全是颠倒黑白，把自己当初下令开战说成是"求帝国之自存与东亚之安定"，是"解放东亚"。这一《诏书》对中国仍持轻蔑态度，根本不承认对华发动侵略战争，只说"向美英两国宣战"导致"交战以来已阅四载"。这篇以"朕"自称者用文言体广播中，又回避了"战败"、"投降"字样，只说因"战局未能好转"而"终战"，要求国民"忍其所难忍"。

天皇广播四天后即8月19日，日本大本营才正式下令海外部队"庄严地放下武器"。战后日本有一些看似可笑的用语，战败只称"终战"，投降被称为"为保全国体停止战斗"，对美军占领军称为"进驻军"。这样说固然是为保全面子，也隐含着不认输，更谈不上认罪。

战后几十年来，世界上许多人受日本解释的影响，把天皇这篇诏书说成日本投降的标志，这其实非常不妥。裕仁这篇讲话只是向自己国民说明"终战"，中心是讳言投降，颂扬侵略，轻蔑中国，大念忍经。右翼势力为侵略翻案，也是坚持这篇诏书的精神，可见其留下重大历史隐患。

9月2日，在美军"密苏里"号战列舰上举行了日本投降签字仪式。在场细心的记者发现，由美方准备的文件中并没有"日本无条件投降"字样，只有日本武装力量缴械投降的规定。

军队投降与国家投降，这两者区别很大。按照1943年1月罗斯福和丘吉尔的"卡萨布兰卡讲话"和《波茨坦公告》要求，日本投降的内容除了军队解除武装，还有永久铲除军国主义，将战犯交付审判，不准日本保有可供重新武装的工业。若只讲军队投降，那么原有的军国主义政府和战争罪犯都可不追究，其可维持战争的工业基础也可不触动。

罗斯福总统在世时，比较倾向于铲除天皇制为代表的军国主义势力，不赞成松动"无条件投降"的要求。1945年4月罗斯福因脑出血突然去

世，继任总统杜鲁门改变了立场。他接受了副国务卿、原驻日大使格鲁为首的"日本帮"的观点，认为可保留天皇和财团为美国服务。

战后日本进步史学家井上清在《天皇的战争责任》一书中曾这样概括说："日本投降实际上是以天皇为首的上层在人民不知情的情况下同美国进行的一场交易。"此话一语中的！

既然是"交易"，自然要讨价还价，就不会是"无条件"。

实力决定对战败国的处置权，美国垄断对日本受降

国际间战争结束时，决定利益分割时从来是强者为尊。弱国不仅落后要挨打，即使因某些原因获得战胜国地位，最终也没有多少发言权。毛泽东在 20 世纪 50 年代接待外宾时，曾对中国抗战的作用有很客观的评价。1956 年 9 月 24 日他同参加中共第八次全国代表大会的南斯拉夫共产主义者联盟代表团谈话时说过："第二次世界大战中我们是一个支队，不是主力军。"（见《毛泽东文集》第七集）

毛泽东的这段话，清楚表明了当年中国太贫弱，虽有大国之名却无大国实力，虽然以持久战拖住日本却毕竟无法担任反攻的主力。从第二次世界大战的历史进程看，1941 年太平洋战争爆发前日本仅有中国一个交战国，另外还有苏联这个发生过局部战事的潜在敌国，中国可称是对日作战的主战场。太平洋战争爆发后四年间，中国战场在反法西斯战争

对日战争结束前，盟军想模仿分区占领德国的方式对日本实施四个主要战胜国分占。图中预定美军占领东京为中心的中部地区，苏联占领北海道和本州北部，中国仅占领四国岛，英国占领日本的中国地区和九州。美国在日本投降时却凭借最强的实力取消这一方案，拒绝苏军进入北海道的要求而实施单独占领。

ソ連統治
アメリカ統治
イギリス統治
中国統治

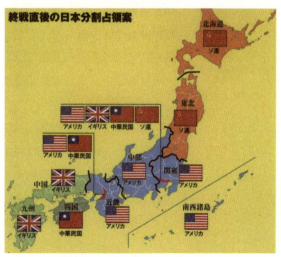

終戦直後の日本分割占領案

中的作用确如毛泽东所说的只是"一个支队"，此间打败日本的头号主力是美国。

击败日本前，盟国曾设想过按照四国分区占领德国的例子实施战后的占领。随后日本在本土未经战斗便宣布投降，此时只是美军有能力占领日本，苏联在太平洋上力量很小的海军连进攻千岛群岛（其南部便是日本的"北方领土"）都感吃力，英国无力顾及远东，中国则根本无海军，美国就此垄断了战后对日处置权，分区占领的方案不得不放弃。

1945 年秋日本被美国占领后，虽然解散了军队，原有政府却继续保留。德国战后的领导人在东西两侧都由原来的反纳粹人士担任，因而能清算纳粹的罪行。日本战后几届首相却是过去对战争有重大责任的高官，有的还是甲级战犯（如 50 年代的首相、安倍晋三的外祖父岸信介）。日本国家元首仍是天皇裕仁，只是将处理政务交给内阁。了解这一情况的人便会明白，为什么战后日本政府一贯不承认战争罪行，为什么又一再美化过去的侵略行为。

美国为促使日本早降，承诺保留天皇制，这与保护裕仁应该是两个概念。当时日本不少人包括原重臣木户都建议裕仁应退位，另找一个没有战争责任的皇族继任，这与保留天皇制并不矛盾，而对战后日本形象大有益处。麦克阿瑟却认为裕仁能帮助稳定日本局势，让他不必退位，结果美国同意的"维护国体"实际成为包庇战犯裕仁。

日本在战时能发动侵略战争，三井、三菱、住友等集团又是主要经济支持者和对外掠夺获益者，这些大财阀按理也应定为战犯。美国为扶助日本恢复经济，对这些人不再追究，在东京审判中无一财阀受审。此外，"细菌战之父"石井四郎因向美军提供人体试验资料，也受到保护并得到新主人的酬劳。一向强调其政治信念和价值观念如何神圣的美国当局，其实从来是从实用主义出发，对如此侵犯"人权"和反"人道"的细菌战犯居然给予庇护，这恰恰说明了美国价值观的虚伪性和两重性！

美军占领日本之初进行了有限的"民主改造"，于1946年元旦让天皇发表了"人间宣言"，宣布自己是人不是神，作为军国主义精神支柱的神道教就此崩溃。1947年美国为日本制定了一部《和平宪法》，规定国家放弃交战权，并且不保留军队。在不许打仗、不建立军队的情况下，日本就只能作为美国控制的被保护国而存在。

东京审判的局限——只审判打手而放过主犯

美国占领日本后，出于世界人民包括本国公众追究侵略者罪行的压力，同意对战犯进行审判。东京审判从1946年5月开庭到1948年11月宣判终结，由来自中国、苏联、美国、英国、法国、荷兰、菲律宾、加拿大、新西兰、印度这十国的十名法官组成了远东国际军事法庭，麦克阿瑟任命的澳大利亚人韦伯为首席法官。

在东京审判中，美国有着最大影响，因为是美军占领日本并看押所有甲级战犯。当时追究战犯对美国是一个难事，这是因为既要履行对日

远东国际军事法庭在东京审判开始时各国法官的照片。

本当权者的约定，又要对受害者交代。美方将袭击珍珠港时担任了首相的东条英机列为第一号战犯，有的舆论还将他列为"二次大战三元凶"之一，真正主宰日本的皇室和财阀则被描绘成任光头军人摆布的傀儡。

了解日本情况的人都知道，东条英机只是战时十几任首相之一，作为侵略罪犯固然罪大恶极，然而他在全面侵华开始时不过是关东军的中将参谋长，太平洋战局不利时又被免去首相。以他的地位，不过是一个天皇可招之即来、挥之即去的臣仆，同德国的绝对独裁者希特勒、意大利法西斯魁首墨索里尼的作用如何能比？

在盟国的受害者和本国舆论要求下，美国同意东京法庭惩处了一些主要日本战犯（时称 A 级），处决了东条英机、松井石根、板垣征四郎等 7 人。设在中国、菲律宾和马来亚等地的法庭，也处决了部分在当地犯罪的日本军人（B 级），苏联在伯力设立的军事法庭审判了其抓到的关东军战犯，1950 年还将其中千余人交给新中国惩治。

东京审判部分伸张了正义，不过清算战争罪行极不彻底，尤其是未触动任何皇族，还不追究财阀。明治维新后的日本是天皇制军国主义统治，天皇是陆海军统帅，对外侵略都出于此人的命令。在东京审判中，东条英机虽叫嚣"大东亚战争是解放亚洲的正义战争"，不过也说了实话即承认战时"没有任何人能违抗天皇的意旨"。东京审判结束时，首席法官、澳大利亚人韦伯曾公开申明："天皇是有战争责任的，法庭在这方面掌握了不可辩驳的证据，不对他起诉是出于盟国的利益。"日本皇室成员也无一人受追究，包括下达在南京"杀掉全部俘虏"命令的大屠杀罪魁皇叔朝香宫（时任上海派遣军司令），此人后来还优哉游哉地当上日本高尔夫球俱乐部主席。

当时日本共产党和各进步团体发起废除天皇制并追究其本人罪行的运动，美国占领军却支持当权的右翼。日本多数

1957 年 2 月，被远东国际军事法庭列为甲级战犯、随后被释放的岸信介出任日本首相。此人曾任伪满洲国"实业部"次长和东条英机内阁商工大臣，这样的人战后仍能组阁，反映了日本政府和社会上很多人根本不肯清算过去的战争罪行。岸信介又是 2006 年、2012 年两次首相的安倍晋三的外祖父。

民众受传统的神道传统束缚，也认可了长期被尊为"人神合一"的天皇继续为元首。至 50 年代以后，追究最大战争责任者的呼声逐渐平息，同日本建交的国家也不能不承认这一现实，然而历史却是不容歪曲的！

　　战后处理日本的另一重大问题是战争赔偿，受害最大的中国于 1946 年初步估算损失在 300 亿美元以上。由于 1946 年日本的国内总产值不过 40 亿美元，盟国曾议定赔偿额 100 亿美元左右，以拆除机器和付劳务方式支付，中国又要求获得其中一半。进入 1948 年后，美国见国民党政权面临崩溃，其亚洲政策的重点转为扶植日本，便宣布免除日本赔偿的责任，接着英国和国民党当局也被迫放弃索赔，各受害国想得到实质性赔偿就不可能（60 年代日本对韩国和东南亚几国因建交需要只给予微不足道的象征性赔款）。战后日本当权者对美国的这些庇护和帮助，一直都感激涕零，因此长期将自己绑在美国亚太军事体系的战车上。

　　追溯二次大战结束时的历史可以看出，若想让日本社会清算并真正承认侵略战争罪行，必须在战后清算各级战犯并改变当权者。由于美国的包庇和日本社会的局限，这一历史机会早已丧失。在日本国内，为侵略战争乃至昭和军阀翻案和招魂的行为几十年来一直不停，也正是由此而造成。

　　太平洋战争乃至整个第二次世界大战结束后，实力超强的美国垄断了对日处置权，随即以美日军事同盟作为亚洲战略的基石。太平洋战争中交战的对手，战后不久又成为盟友。日本社会有着崇强凌弱的传统，对打败自己的美国滋长起崇敬心理，并借助其扶植和军事保护实现了经

　几十年来，靖国神社前经常有右翼分子前来参拜，有些人还穿着日本旧军装，挥舞"旭日军旗"，拿着当年的步枪和军刀，这样的活动经久不息且相传两三代人，表现出日本社会右倾化的严重程度。

　2007 年 8 月 15 日，一名身穿二战日军军服的日本儿童。

日本一些当权者重整军备，抛弃和平发展的道路，在很大程度上是由于美国长期实行扶日政策以帮助其在亚洲维护霸权地位所造成的。这是2014年4月5日美国国防部长哈格尔访日时同日本防卫相小野寺五典在东京会晤时的合影，这一姿态形象地表现了这些年的日美关系。

济腾飞，这也决定了后来的远东格局直至今天的美日、中日关系。

　　历史是现实的镜子，回首太平洋战争的过程，人们通过战舰、军机那种铁与血的厮杀，以及岛屿和海涛中的搏斗，可以看到美国、日本当时的战略演变的重要一章，也可从中了解一些战争的规律，对如今的人们可能也不乏启示。